CATALOGUE

DES

Faïences, Tableaux, Gravures, Ex-Libris, Objets d'art, Cartes et Livres

provenant de la Collection et de la Bibliothèque

DE

M. le Chanoine REQUIN

Correspondant de l'Institut,
Correspondant de la Société des Antiquaires de France,
Conservateur du Musée du Palais des Papes,

dont la vente, après décès, aura lieu à son domicile

16, rue Velouterie, à Avignon

par le ministère de M. Bravay, commissaire-priseur

le 26 Juin 1818 et jours suivants

ORDRE DE VENTE

Le mercredi 26 juin : Faïences, Tableaux, Gravures.
Le jeudi 27 juin : Gravures, Ex-libris, Cartes, Dessins.
Le vendredi 28 juin et jours suivants : Livres.

EXPOSITION, rue Velouterie, 16, à Avignon

les 22, 23 et 24 juin, de 9 h. à 11 h. et de 2 à 5 h.

Vente au comptant, 5 % en sus à la charge de l'acheteur.

AVIGNON. — IMPRIMERIE FRANÇOIS SEGUIN

CATALOGUE

DES

Faïences, Tableaux, Gravures, Ex-Libris, Objets d'art, Cartes et Livres

provenant de la Collection et de la Bibliothèque

DE

M. le Chanoine REQUIN

Correspondant de l'Institut,
Correspondant de la Société des Antiquaires de France,
Conservateur du Musée du Palais des Papes,

dont la vente, après décès, aura lieu à son domicile

16, rue Velouterie, à Avignon

par le ministère de M. BRAVAY, commissaire-priseur

le 26 Juin 1818 et jours suivants

Divisions du Catalogue

AVIGNON. — IMPRIMERIE FRANÇOIS SEGUIN

— 1 —

Faïences

1 — Deux couvercles de soupière : 1 polychrome, l'autre bleu, de
Moustiers.
2 — Deux assiettes porcelaine de Chine, décor bleu.
3 — Quatre assiettes en étain, armoriées.
4 — Deux assiettes : une à fond jaune et fleurs, l'autre à fond vert.
5 — Deux assiettes de Moustiers : l'une au chiffre surmonté d'une
couronne ducale, l'autre à deux écussons accolés.
6 — Assiette de Moustiers à chinoiseries.
7 — Trois assiettes de Marseille, tulipes.
8 — Plat rond de Moustiers, décor vert ; craquelé.
9 — Jatte à décor et marli polychrome (Moustiers).
10 — Jatte de Moustiers, décor et marli jaunes.
11 — Assiette terre noire à sujet central, et une autre de Varages
(paysage).
12 — Pieds de chandelier en faïence, décor bleu, de Marseille.
13 — Sept carreaux en faïence de Moustiers, à sujets et un médaillon
armorié.
14 — Deux brûle-parfums à couvercle ajouré en faïence blanche, dont
l'un a le pied raccommodé ; les anses manquent à tous les
deux.
15 — Ecuelle à anses en faïence de Marseille (fleurs).
16 — Ecuelle à anses et sa soucoupe, faïence de Moustiers.
17 — Soupière en faïence blanche de Moustiers, à couvercle armorié
(marque P. Olerys).
18 — Grande soupière en faïence blanche de Moustiers, à couvercle
armorié.
19 — Soupière et son couvercle en faïence jaune, d'Apt.
20 — Cuvette et pot à eau en faïence jaune d'Apt, à sujets en relief.
21 — Plat festonné de Moustiers, décor Bérain et marli bleu.
22 — Grand plat à fond nu et bordure bleue.
23 — Grand plat à bords cannelés, décoré d'un chiffre central surmonté d'une couronne de marquis.
24 — Plat rond à décor vert et chinoiseries.
25 — Plat octogonal à décor bleu de Moustiers.
26 — 2 rocailles faïence d'Apt : les personnages ont la tête coupée.
27 — Fragments de jambages de cheminée en faïence de Moustiers
à décor bleu, fleurs et mascarons.
28 — Jardinière à anses, décor bleu, de Moustiers.
29 — Panneau à carrelage de faïence à sujets macabres.
30 — Deux couvercles ronds de soupière, avec bouton faïence de
Moustiers, décor bleu au centre et marli.

31 — Deux porte-huilier ajourés : un blanc, l'autre à décor vert, faïence de Moustiers.

32 — Deux encriers polychromes de Moustiers.

33 — Fontaine en faïence de Moustiers, décor bleu, personnages et mascarons.

Tableaux

34 — La Vierge et l'Enfant, panneau dans cadre doré ancien, peinture dégradée, attribuée à Sasso Ferrato.

35 — Paysage, toile signée Gautier (17 x 9).

36 — Nature morte, cadre chêne, moulures dorées.

37 — Eysséric : Marine, cadre doré.

38 — Piquet : Paysage au fusain.

39 — Marquis : Paysage au fusain.

40 — Mignard : L'Assomption, dessin à l'encre de Chine, d'après Caravage.

41 — A. Durer : Le Calvaire, gravure.

42 — Porte de maison à Carpentras, eau-forte (signature illisible).

43 — Jules Laurens : Paysage, eau-forte.

44 — L. David : St Roch, gravure en couleur, 1678.

45 — La Vierge, l'Enfant Jésus, St Jean-Baptiste et deux anges, toile (87 x 67), cadre sculpté et doré.

46 — Portrait de P. Mignard en médaillon, gravure d'après Van der Meulen.

47 — La fontaine de Vaucluse (gravure).

48 — Portrait de Parrocel.

49 — Brunel : Vue de Villeneuve, dessin.

50 — Ecole vénitienne : Repas de noces, panneau dans un cadre sculpté et doré.

51 — Cézanne : Enfant en prière, toile sous verre.

52 — Dumas : Mendiant (peint sur un tambour de basque).

53 — Edouard Léon : Pieta, grande gravure, reproduction du tableau de Villeneuve-lez-Avignon.

54 — Metzu (attribué à) : Femme de chambre à la fenêtre (panneau).

55 — Anonyme : Saint dans un cachot, toile (percée d'un petit trou), cadre doré Louis XVI.

56 — Notre-Dame de Rochefort, gravure signée Michel, 1737, d'après Lainé (percée d'un trou).

57 — Callot : Tentation de St Antoine (grand format).

58 — Bernus : Attributs épiscopaux, dessin.

59 — Anonyme : Paysage à la plume.

60 — Anonyme : Vision de Ste Thérèse, peinture sur carton.

61 — Anonyme : Aquarelle.

62 — Anonyme : Tombeau, dessin à la plume.

63 — Anonyme : Apparition de Jésus à Marie-Magdeleine, toile.

64 — Anonyme : Portrait d'un jeune prince, panneau dans un cadre sculpté.

65 — Anonyme : Les Pèlerins, peinture sur bois (fendue).

66 — Anonyme : St François Régis, broderie dans un cadre doré.

67 — Anonyme : Moine en prière, toile.

68 — Anonyme : Laure et Pétrarque, aquarelle.

69 — Brunel : Paysage à la plume.

70 — Roullet : La Vierge aux raisins, gravure dédiée à Mme de Maintenon, d'après Mignard.

71 — Ch. David : Portrait de femme, crayon.

72 — Balechou : Portrait de M. de Salvador, gravure.

73 — Anonyme : Portrait d'un archevêque d'Avignon, crayon.

74 — Wille : La Cuisinière hollandaise, gravure d'après Metzu.

75 — Anonyme : Suite de quatre anciennes gravures en couleur à sujets religieux dans des cadres dorés.

76 — Paillon : Suite de six gravures, scènes de la vie d'Alexandre, d'après Lebrun.

77 — Callot : Tentation de St Antoine, gravure.

78 — Anonyme : Le Saint Mors et son reliquaire, dessin à la plume.

79 — Anonyme : St Pierre-ès-liens, gravure en taille douce sur soie de chez Second à Avignon.

80 — Anonyme : Tombeau, dessin à la plume, inachevé.

81 — Jules Laurens : Vue de Carpentras, crayon.

82 — Jules Laurens : Portrait d'Esprit Fléchier, gravure en médaillon de David, 1689.

83 — Anonyme : Pieta, toile dans un cadre sculpté et doré.

84 — Laudin : La Vierge et l'Enfant et Jean-Baptiste, émail à marli en grisaille (détérioré).

85 — Jules Laurens : Le chemin creux, fusain.

86 — Piquet : Paysage, fusain.

87 — Anonyme : Rinceaux renaissance, dessin à la plume rehaussé de couleurs.

88 — Col^{el} Chantron : Aqueduc, dessin à l'encre de Chine.

89 — Subleyras : St Charles Borromée et la peste de Milan, toile.

90 — Anonyme : Vision de St Bruno, toile.

91 — Marquis : Paysage, crayon.

92 — Lucas de Leyde : Conversion de St Paul, gravure, 1509.

93 — Col^{el} Chantron : Vue d'un monastère, aquarelle.

94 — Anonyme : Saturne, dessin à la plume relevé d'encre de Chine.

95 — Anonyme : St Laurent, broderie sur soie relevée de fils d'or et d'argent.

96 — Guillaume Grève (attribué à) : L'Adoration des bergers, toile dans un cadre de l'époque, sculpté et doré.

97 — Anonyme : La Vierge, panneau à double face (le verso offre un sujet macabre).

98 — Anonyme : Portrait d'un cardinal, cadre sculpté et doré.

99 — Mignard (attribué à) : Anges offrant des fruits à l'Enfant-Jésus, grande peinture sur cuivre, dans un cadre Bérain, doré.

100 — Balechou : Portrait de Rollin, gravure tirée en violet.

100 bis — Rembrandt : La prédication de St Jean au désert.

Plaques en cuivre gravées

101 — Anonyme : Quatre plaques représentant des travaux d'Hercule.

102 — Rops : Mendiant.

103 — Sarret : Monument à fronton et armoiries.

104 — Michel : Le Rosaire.

105 — David : Martyre de St Etienne.

106 — Michel : Plaque pour ex-libris (armoiries).

107 — Anonyme : St Joseph.

108 — Anonyme : St Véran.

109 — Anonyme : St Fiacre.

110 — Anonyme : Le Sacré-Cœur.

111 — Anonyme : Arc de triomphe à Louis XIV.

112 — Anonyme : Images de piété (quatre modèles) imprimées à Avignon, près St-Eutrope.

Objets d'art

112 bis Sextant du XVIIIe siècle, orné de trophées.

113 — Deux appliques en bronze doré, XVIIIe siècle.

114 — Chiffre monogramme en bois sculpté, ajouré et doré, style Louis XIV.

115 — Bénitier en bronze ciselé.

116 — St Thomas, statue en bois doré, attribuée à Bernus.

117 — St Dominique, statue en bois doré, attribuée à Bernus.

118 — Pied de candélabre en bois sculpté, époque Louis XIV.

119 — St Laurent, écusson en argent repoussé.

119 bis Niche en bois sculpté et doré, XVIIIe siècle, ornée de statuettes d'anges, dont deux cariatides soutenant le cintre.

119 ter Pistolet ancien de la fabrique anglaise Wilson incrusté et pommeau garni d'argent, XVIIIe siècle.

Tableaux omis

119⁴— Tofanelli : Le Prophète Daniel, gravure in-f° encadrée, de Volpato, d'après Michel-Ange.

119⁵— Tofanelli : Le Prophète Joël, pendant de la précédente.

119⁶— Cartable en cuir gaufré, fleurs de lys, XVIIe siècle.

Gravures

119 — Balechou : Henri, prince de Bruhl, portrait (46 x 39) d'après
Sylvestre.   0
»   Coypel: portrait par lui-même (39 x 28).
120 — Balechou : Crébillon, portrait d'après Avède (54 x 38), 1751.
»   Grillot, abbé de Pontignac, portrait d'après Autreau (47 x 36).
121 — Balechou : Ch. Rollin, portrait d'après Coypel (51 x 41), 1763.
Jean de Julienne, portrait d'après Detroye le père (50 x 37), 1752.
122 — Balechou : Christophe de Beaumont, archev. de Paris, gravure avant la lettre (44 x 34).
»   J.-F. de Salvador, portrait d'après Sauvan (37 x 27).
123 — Balechou : Christophe de Beaumont, archevêque de Paris,
gravure avant la lettre (44 x 34).
»   Crébillon, portrait d'après Avède (21 x 15).
124 — Balechou : Cinq portraits de 15 x 10 : Le Père Porée, —
Jean Soanen, — H. de Thomas de Lagarde, — Jean Warin, —
Voltaire.
125 — Balechou : Cinq portraits de 15 x 10 en moyenne : Marie
de Rohan, — Jean-Louis Petit, — Mézeray, — Crillon, —
Colbert, évêque.
126 — J.-L. Roullet : Lully, portrait d'après Mignard (52 x 35).
Jac. Louis, Mis de Beringhen, portrait d'après Mignard (46 x 34).
Hilaire Clément, portrait d'après Lefébure (30 x 21), 1689.
127 — Cathelin : Jos. Vernet, portrait d'après Van Loo (40 x 29), 1770.
Balechou, portrait d'après Arnavon (30 x 12).
128 — Roullet : François de Poilly, portrait d'après lui-même (31 x 23),
1699.
»   Jeaurat : Puget, portrait d'après son fils (30 x 22).
»   Chevillet : Benj. Franklin, portrait d'après Duplessis (28 x 18).
129 — L. David : Hyacinthe Libelli, portrait d'après L. David (36 x 25),
1683.
»   Mathey : Benoît XIII, portrait (20 x 15).
»   Lanfelme : Fauris de St Vincent (le Président), portrait (31 x 23).
130 — Mellan : Gassendi, portrait (15 x 12).
»   Aug de St-Aubin : Blanchard, portrait (18 x 13), d'après Cochin.
»   Mathey : Boucicaut, portrait (19 x 14).
»   Sergent : Folard (le chevalier de), portrait (25 x 17), médail-
lon en couleur.
»   Cundier : Gaufridi, portrait (13 x 7).
»   Beisson : Leblanc de Castillon, portrait (30 x 23), d'après
Duplessis.
131 — Mellan : Gassendi, portrait (15 x 12).
»   Vorstermann : Peyresc, portrait (24 x 16).
»   Schmit : Jh. Parrocel, portrait (14 x 10), d'après Rigaud.
»   Schmit : Lucas Matherot, portrait.
»   Thomas de Leu : Marie de Médicis, portrait.
»   Edelinck : Pierre Mignard, portrait (26 x 19), d'après lui-même.

132 — De Larmessin : Peyresc, portrait (19 x 24), d'après Van Dyck.
» Poilly : Pierre-François Tonduti, portrait (29 x 20), d'après Mignard.
» Godefroy : Maury (l'abbé), portrait (41 x 33), d'après Bernard d'Agessi.
» Cœlemans : de Foresta (Mgr), portrait (42 x 32).
» Michel : Bridaine, portrait (19 x 13), d'après Vernet.
» G. Josse : Audiffret (le Père), portrait 12 x 7), d'après Cossinus.
» Duflos : César de Bus, portrait (30 x 20), d'après Sauvan.

133 — Sept gravures, portraits d'hommes célèbres.

134 —   —   —   —

135 — Sept gravures, vues de villes ou villages voisins d'Avignon : Vaucluse, — Orange, — Barbentane, — La Tour-d'Aigues.

136 — Douze gravures diverses sur Arles.

137 — Cinq gravures : Vues de monuments de Nimes, et une lithographie : Vue de Nyons.

138 — Cinq gravures : Vues de St-Gilles, et neuf lithographies : Vues de Sénanque.

139 — Neuf gravures ou lithographies : Vues d'Arles et de ses monuments.

140 — Dix-neuf portraits de personnages religieux, gravures ou lithographies.

141 — Quatorze gravures ou lithographies ou photos.

142 — Quinze pièces diverses, lithographies ou gravures, tant anciennes que modernes.

143 — Altera Roma, gravure allégorique de Daret.
» Feu d'artifice tiré à Avignon lors de la création du Pape.
» Clément IX, gravure de Ph. Mellan, d'Avignon, 1667, d'après le tableau de Lauze J.-B.

144 — Les massacres de la Glacière à Avignon, grav. in-f°, 1791.
» —   —   —   in-4° 1791.
» Mort de Lescuyer dans l'église des Franciscains, 1791.

145 — Thèse de philosophie soutenue devant l'Université d'Avignon par Couderc, Fabre et Valayer, 17 et 22 avril 1789.
» Thèse de Sciences Physiques, soutenues par Morgan et Duclos, 1759.
» Affiche surmontée d'une gravure de David.
» St Alexis, patron des avocats, gravure de Mathieu Ogier, 1675.
» Noble Esprit Chaulardy, avocat des pauvres du Comtat.

146 — Douze lithographies à sujets religieux, dont une en couleur, et deux lithog. (Jeu de l'Oie, ancien).

147 — Douze lithographies : Vues d'Avignon ou de ses monuments, ou de villes voisines.

147 bis Callot : 24 feuilles in-f° de gravures : caprices, bals, bohémiens et sujets religieux.

148 — Civitatis Avenionis omniumque viarum et ædificiorum ejus perfecta delineatio, gravure de Mérian, 1635. — Vue d'Avignon en 1570, au trait. — Vue d'Avignon, gravure. — Vue d'Avignon prise du quai au bois. — Trois plans d'Avignon. — St Véran,

gravure de David, 1707, in-fº, d'après le tableau de Mignard. — Cinq lithographies ou gravures ; en tout treize pièces.

149 — Quatorze dessins au crayon sur papier pelure (guerriers antiques, l'architecture, la peinture, le printemps, etc...).

150 — Treize lithographies par Eug. Leroux, Challamel, Grenier, Baron, etc..., époque 1840.

152 — Onze lithographies, paysages, sujets de genre, par Baron, Jadin, Grasset, Lemercier ; six photos ; quatre gravures et un numéro de la *Revue des Musées ;* en tout 22 pièces.

153 — Cinq gravures de Lepautre et d'Aveline ; deux feuilles de planches au trait ; lithographies de Senefelder ; Arion et Amphitrite et deux sujets décoratifs ; en tout onze pièces.

154 — Quinze lithographies, sujets divers.

155 — Dix-huit lithographies dont deux en couleur par Berlaut, les autres par Grenier et Mouilleron.

156 — Dix-neuf lithographies, sujets divers, et une feuille non coupée d'assignats de quinze sols.

157 — Vingt-quatre gravures ou lithographies, sujets variés, de toutes dimensions.

158 — *Nouvelles de l'ordre de la Boisson,* journal du XVIIIe siècle, numéros du 29 novembre 1703 et du 25 mars 1705. — Ecusson armorié d'un évêque et un fascicule supplément de l'Album Caranda (gravures en couleur), ; en tout 4 pièces.

159 — Deux gravures armoriées d'Aliamet, d'après Brandt, — Le jour naissant, de Téniers ; — Pieta par Mellan, 1683 ; — Ste Famille à Nazareth par Aug. Vind, et sept gravures de piété dont six de Bombelli, d'après le Bernin ; en tout douze pièces.

160 — Vingt lithographies variées dont plusieurs in-fº.

161 — Quatorze lithographies ou gravures diverses.

162 — Deux gravures collées sur bristol : Cérémonies pontificales, XVIIe siècle, et douze lithographies : Vues d'Aix.

163 — Douze eaux-fortes : Vues de Marseille, par Gautier. — Vendeuse de marée, gravure de Delaunay. — Leur retour chez eux, gravure de Rigaud. — Trois autres gravures et quatre feuilles de vignettes ; en tout neuf pièces.

165 — Le moulin de Ruysdael, gravure de de Boissieu, 1774. — Allégorie, d'après Titien. — Garçon cabaretier, gravure de Cochin, d'après Chardin. — Trois autres gravures ; en tout six pièces.

166 — Mylord Pouffe, Monsieur Garrick, gravures en couleur, in-fº. Portrait d'homme, eau-forte d'après Van Dyck, 1770. Vue des environs de Nantes, gravure de Louise Gaillard, 1766.

167 — Académie des Sciences et des Beaux-Arts, gravure dédiée au Roi, par Séb. Le Clerc. — Vue de Gênes, gravure en couleur, par J..., d'après Bergen. — Le passage du torrent, eau-forte. — Portrait du cardinal Polus par l'Armessin, d'après Raphaël. — Quatre lithographies dont une en couleur, en tout 8 pièces.

168 — Les Trois ordres de la Nation, gravure allégorique en couleur,
1789, par Guyot.
» La Grotte du maréchal, gravure d'après P. Wouvermans.
» Baigneuses, gravure par Zuccarelli.
» L'Incendie, gravure par Corn. Vischer.
» Marine, gravure par Godefroy, d'après Broocking.
169 — Quatorze gravures ou lithographies.
170 — Trois sanguines dont une modèle ; — trois dessins au crayon ;
— deux photos ; — sept lithographies et deux autres pièces ;
en tout dix-sept pièces.
171 — Neuf lithographies ou gravures.
172 — Laplanche : quatre dessins à la plume.
173 — — —
174 — Un dessin à la plume, une sépia et quatre dessins.
175 — Marquis : quatre paysages dont un à l'encre et trois au crayon.
176 — Jules Laurens : Bacchus indien, crayon, trois lithogr. signées
J. Laurens et cinq autres ; en tout neuf pièces.
177 — Le Saint Mors, dessin à la plume de Bonnet. — Les Remparts
d'Avignon, aquarelle de J. Laurens, et cinq autres dessins ;
sept pièces.
178 — Deux dessins à la plume ; trois sanguines et trois encres de
Chine, 8 pièces.
179 — Péru : deux dessins (ruines). — Aveugle et son chien, dessin
de Lacroix.
180 — Cinq dessins au crayon et deux aquarelles.
181 — Trois aquarelles et quatre dessins à la plume.
182 — Hallebardier (dessin à la plume). — Autel et retable par Péru.
— Tombeau, dessin attribué à Bernus, et deux autres dessins ;
en tout cinq pièces.
183 — Buste d'enfant, sanguine, et huit dessins d'autels, ciboires,
retables ; en tout neuf pièces.
184 — Dix-neuf dessins divers ou gravures.
185 — Dix-sept dessins divers.
186 — Vingt-deux lithographies ou gravures, portraits d'archevêques
d'Avignon et d'hommes célèbres.

Ex-Libris

187 — 1º François-Marie de Tulle, signé Michel. — 2º des livres de
J.-C. Villers. — 3º Seminar. S. Caroli Aven. — 4º André Bar-
thol Lanau, sénéchal d'Arles. — 5º Fortia Montréal. — 6º de
Foresta Collongue. — 7º Glandevès. — 8º Antonii Mariæ Dumas, 1757. — 9º La Bastie. — 10º Seminarium Aquense.
188 — 1º Anonyme signé Michel. — 2º des livres de J.-C. Villers. —
3º Seminar. S. Caroli Aven. — 4º Lanau. — 5º Fortia Montréal. — 6º de Foresta Collongue. — 7º Glandevès. — 8º Antonii Mariæ Dumas, recteur de Chauffailles. — 9º La Bastie.
— 10º Seminarium Aquense.
189 — 1º Anonyme, signé Michel inven. et incidit, Avenione, 1734.
(reproduction). — 2º des livres de J.-C. Villers. — 3º Seminar.

S. Caroli Aven. — 4o Lanau. — 5o Fortia Montréal. — 6o de
Foresta Collongue. — 7o Glandevès. — 8o Ant. Mariæ Dumas.
— 9o La Bastie. — 10o Seminarium Aquense.

190 — 1o Anonyme (prélat), signé Michel fecit. — 2o des livres de
J.-C. Villers. — 3o Seminar. S. Caroli Aven. — 4o Lanau. —
5o Fortia Montréal. — 6o Foresta de Collongue. — 7o Glandevès. — 8o Ant. Mariæ Dumas. — 9o La Bastie. — 10o Seminarium Aquense.

191 — 1. Anonyme, signé Michel fecit Arelatensis 1727, belle composition. — 2. des livres de J.-C. Villers. — 3. Seminar. S.
Caroli Aven. — 4. Lanau. — 5. Fortia Montréal. — 6. de
Foresta Collongue. — 7. Glandevès. — 8. Ant. Mariæ Dumas,
1575. — 9. La Bastie. — 10. Seminarium Aquense.

192 — 1. Desvignes, par Michel. — 2. des livres de J.-C. Villers. —
3. Seminar. S. Caroli Aven. — 4. Lanau. — 5. Fortia Montréal. — 6. de Foresta Collongue. — 7. Glandevès. — 8. Ant.
Mariæ Dumas, 1757. — 9. Seminar. Aquense. — 10. Ex-libris
autrichien.

193 — Anonyme, gravé et imprimé chez Michel à Avignon. — 2. des
livres de J.-C. Villers. — 3. Seminar. S. Caroli Aven. — 4. Lanau. — 5. Fortia Montréal. — 6. de Foresta Collongue. —
7. Glandevès. — 8. Ant. Mariæ Dumas, 1757. — 9. Seminarium
Aquense. — 10. Raimond de Mormoiron, de Venasque (reproduction).

194 — 1. Biblioth. de château d'Entrevaux (reproduction). — 2. Seminar. S. Caroli Aven. — 3. Lanau. — 4. Fortia Montréal.
— 5. Glandevès. — 6. Ant. Mariæ Dumas. — 7. Seminarium
Aquense. — 8. Laugier, conservateur du Cabinet des Médailles
de Marseille. — 9. Louis Braquety, de Marseille. — 10. Biblioth. de M. Morel aîné, juge au Tribunal de Carpentras (les
trois derniers sont modernes).

195 — 1. Marcel de Régis de la Colombière (moderne). — 2. Seminar.
S. Caroli Aven. — 3. Lanau. — 4. Fortia Montréal. — 5. Glandevès. — 6. Seminarium Aquense. — 7. A Monsieur Ch. Cottier, vice-président de la Chambre Apostolique à Carpentras,
an 1786. — 8. Ex-libris Gastaldy, chanoine à Avignon. —
9. Ex-libris Trembley. — 10. Ex-libris de Juigné de Lassigny
(reproduction).

196 — 1. Edouard de Laplane, héraldique (moderne). — 2. Seminar.
S. Caroli Aven. — 3. Lanau. — 4. Biblioth. de Boissonade
(de Viviers), moderne. — 5. de la Biblioth. de M. Morel aîné,
juge au Tribunal de Carpentras. — 6. de Juigné de Lassigny
(reproduction). — 7. Ex-libris Laugier, cons. du Cab. des
Méd. de Marseille. — 8. Glandevès. — 9. Seminar. Aquense.
— 10. M. Cottier.

197 — 1. Ex-libris Normandeau, médecin à Avignon (gravé sur bois).
— 2. de Mlle de Régis (sanguine), par Agry, à Paris. —
3. Lanau — 4. Seminar. S. Caroli Aven. — 5. M. Cottier. —
6. Seminarium Aquense. — 7. Ex-libris Allemand, à Berne
(attributs champêtres). — 8. Ad usum convictorum Dnæ Xnæ.
Collegii Borbonii Aquensis. — 9. Du cabinet de Mgr l'Evêque
de Méaux. — 10. du cabinet de M. de Thomas-Lavalette.

199 — 1. de Bonnecorse de Lubières (reproduction). — 2. Seminar. S. Caroli Aven. — 3. Lanau. — 4. Seminar. Aquense. — 5. Ex-libris Trembley. — 6. Coutellier, prêtre. — 7. Ex-libris Paul Naudo, Archiep. Avenionensis. — 8. Ex-libris anonyme (chev. de Malte), reproduction. — 9. Ex-libris Bouge, doct. méd. — 10. Ex-libris allemand (attributs champêtres).

200 — 1. De Demandolx, signé Sinard (moderne). — 2. Seminar. S. Caroli Aven. — 3. Biblioth. du citoyen Marc-Etienne Villiers. — 4. Seminarium Aquense, deux variantes. — 5. Ex-libris Joseph Courbon, docteur en Théol. à Lyon. — 6. Anonyme, armorié (reproduction). — 7. Doctor Waton, medicus Monspeliensis. — 8. De la Biblioth. de Sabonadière fils, n° 532. — 9. Ex-libris Timon-David, presbyteri.

201 — 1. Ex-libris en reproduction aux armes de la famille Meresia. — 2. Seminar. S. Caroli Aven. — 3. Seminarium Aquense. — 4. Ex-libris Octavi Baze. — 5. Biblioth. des jeunes apprentis de St-Pierre, de Luxembourg. — 6. Ex-libris Trembley. — 7. Ad usum Patris Cœlestini Romanensis Capucini. — 8. Collège Bourbon, d'Aix. — 9. Borely. — 10. Ex-libris Claudii Pouteau.

202 — 1. Anonyme, d'azur à trois bandes d'or au chef de gueules, chargé d'un soleil d'or (moderne). — 2. Seminar. S. Caroli Aven. — 3. Seminar. Aquense. — 4. De la biblioth. de J.-B. Barnel. — 5. Augustin Marescot. — 6. Ex-libris Allemand aux attributs champêtres. — 7. Millet, curé-doyen d'Orange. — 8. Deydier. — 9. André Chaillot. — 10. M. Cottier.

203 — 1. De Jessé Charleval. — 2. Seminar. S. Caroli Aven. — 3. Seminar. Aquense. — 4. Marie Pellechet. — 5. M. Cottier. — 6. Anonyme armorié (reproduction). — 7. de Bargeton de Durfort, héraldique tiré en bleu (moderne). — 8. Timon David. — 9. Marescot, avocat. — 10. Ex-libris Joannis Francisci Tussac, sacerdotis Vasionensis.

204 — 1. de Forbin Janson (moderne). — 2. Semin. S. Caroli Aven. — 3. Seminarium Aquense. — 4. M. Ch. Cottier. — 5. Colomb-Ménard, avocat. — 6. Charles Barnel. — 7. Timon David. — 8. Ex-libris allemand (attributs champêtres). — 9. Bibliotheca alumnorum. — 10. Attestation de prix, collège de Carpentras, 1816.

205 — 1. Anonyme, armorié, en largeur (reproduction). — 2. Attestation de prix du collège de Carpentras, 1818. — 3. Seminar. S. Caroli Aven. — 4. Seminarium Aquense. — 5. M. Ch. Cottier. — 6. Bibliothèque des élèves du Petit-Séminaire d'Avignon.

206 — 1. Anonyme : d'azur à trois fasces ondées d'argent, au sautoir de gueules brochant sur le tout. — 2. de Boisgelin (moderne). — 3. Seminar. S. Caroli Aven. — 4. Seminar. Aquense. — 5. M. Ch. Cottier. — 6. Attestation de prix du collège des P. P. de la Doctr. Chrét. à Orange, 1787.

207 — 1. De Foresta de Collongue. — 2. de Cohorn (moderne). — 3. M. Ch. Cottier. — 4. Chargement au bureau de poste de St-Marcellin, 22 nivôse an XIII. — 5. Anonyme armorié (moderne). — 6. Attestation de prix du collège Bourbon d'Aix, 1778.

208 — 1. Anonyme armorié. — 2. M. Ch. Cottier. — 3. Seminar. S:
Caroli Aven. — 4. Seminarium Aquense. — 5. Attestation de
prix fondé par Mme Jeanne de Thoulon de Ste-Jalle et par
M. de Baumes de Fortia (en passe-partout), 1707.

209 — 1. Anonyme armorié. — 2. M. Ch. Cottier. — 3. Seminar. S:
Caroli Aven. — 4. Seminarium Aquense. — 5. Attestation de
prix du Collège de Carpentras, 1819. — 6. Ex Biblioth. Se-
minarii S. Caroli a Cruce Avenionensis.

210 — Agut, sans marge ; devise et deux anonymes ; trois pièces.

211 — d'Albert d'Ailly, duc de Chaulnes, un coin déchiré et deux
anonymes ; trois pièces.

212 — d'Allein dit Hébrail, Ex-libris provençal, 1560, format in-8°,
magnifique pièce, et deux anonymes.

213 — d'Amat de Volx, et deux Ex-libris anonymes in-12.

214 — Arcussia, in-12 et deux anonymes.

215 — Arnavon, Ex-libris gravé sur bois in-12, et deux anonymes.

216 — Aubaret, conseiller du roi, in-12, et deux anonymes.

217 — d'Aux en Provence, in-4°, très belle pièce.

218 — Bastide (Agricol-Joseph), chirurgien d'Avignon, in-12 très beau,
et un anonyme.

219 — Mgr de Bausset Roquefort, archevêque d'Aix, trois variantes,
in-12.

220 — Baschi (Charles de), marquis d'Aubais, in-12 (raccommodé),
et un Seminarium Aquense, aux armes de Grimaldi.

   »   Mgr de Becdelièvre, évêque de Nimes (lithog.), in-12, et un
anonyme ; quatre pièces.

221 — Becdelièvre (Mgr de), évêque de Nimes (lithogr.); in-12, et
un anonyme héraldique, signé : *Crépin fecit*.

   »   de Bellis (de Roaix), devise de Savoie F. E. R. T., in-8° avec
marge, et deux autres semblables, format in-12, cinq pièces.

222 — de Bellis et de Rafelis, aux armes accolées des deux familles,
Ex-libris collé sur un bristol, et un Seminarium Aquense aux
armes de Grimaldi.

   »   Béraud (J.-L.), in-12 un peu déchiré ; un anonyme et un
Seminarium Aquense, in-12 ; cinq pièces.

223 — Bermond (H. de) d'Avignon, maréchal de camp sous Louis XV,
charmante pièce in-12, et un anonyme signé : *Caire fecit*.

   »   Bertram (François-Dominique), pharmacie de Nimes, et deux
anonymes, cinq pièces ; variantes de la même famille, in-12.

224 — Blanchetti (ex bibliotheca D. D. C. de), Ex-libris gravé sur
bois in-8°, et deux anonymes in-12.

   »   Boisselly (ex museo Francisci) advocati Massiliensis, in-12, et
deux anonymes dont un déchiré, en tout six pièces.

225 — Bonnecorse (de Lubières de), in-12 en largeur, et un anonyme,
in-12.

   »   Boveron (P.), J. V. D., in-12, et un anonyme, in-12, devise :
Implebuntur odore ; quatre pièces.

226 — Brancas (André-Joseph de), in-12 en larg., et un anonyme, in-12.

   »   Brémont dit Rossel (provençal), 1560, chevalier de Malte,
in-8° marge ; magnifique pièce ; trois pièces.

227 — M. le Baron de Castille (vue du château de Castille), Ex-libris
in-12 sur papier fort, finement gravé, et un anonyme in-12,
avec la devise : *Robur Sapientia vincit.*

» J.-B. Catelin, Ex-libris gravé par lui-même, magnifique in-12
avec marges, et un anonyme, signé : Laurant F.

228 — Charpentier A. P. L., in-12 sans marge, et un anonyme, signé :
Veyrier, 1764.

» Chesne (Normandie), Ex-libris à toute marge in-8º et un
anonyme, in-12 avec marge.

229 — Clugny (Joan. Steph. Bern. de), baron de Nuis, etc., Ex-libris
très beau, malheureusement trop rogné, et un anonyme moderne, à grande marge.

» Contrastin de Cablan (Ex bibliotheca domini), bel Ex-libris
in-12, avec marge, et un Ex-libris Ch. Cottier, non gravé.

230 — Convers (Ex-libris Petri Antonii Laudonensis), charmante composition in-12, signée : *Mourier fecit Divione, 1762,* et un
anonyme avec devise en grec signé : *Sarret f., et exc.,* in-8º
sans marge ; deux pièces.

231 — Crillon, petit Ex-libris in-16 avec la devise : *Fais ton devoir,*
et un autre in-8º, portant le nom Cotillus manuscrit, signé :
Sarret f. et exc.

» Coston (baron de), in-8º en largeur, et un anonyme in-8º à
grande marge.

» Croze-Lincel, in-12, attributs maçonniques, signé : *Michel fecit
Arelate,* et un anonyme in-4º, très beau, aux initiales J. F.,
1727 ; six pièces.

232 — Desvignes (Ex-libris Jacob), regiarum causarum Patroni Arelat.,
bel in-8º, et un anonyme d'abbé, in-4º.

» Ducolombier (A. M. l'abbé), vic. général et grand archidiacre
de Troyes, in-12, et un anonyme, héraldique, in-8º ; 4 pièces.

233 — Durand (provençal), chevalier de Malte, magnifique in-4º, et
un Seminarium Aquense aux armes de Grimaldi, in-8º.

» Duriel (Livre à M. Pierre), un peu déchiré au bas, gravé par
Beaumes (de Carcassonne), in-12 et un de la Biblioth. paroiss.
de N.-D. St-Louis ; quatre pièces.

234 — Farjon, in-8º en larg., et un anonyme ovale en larg., très beau.

» Fassin (d'Arles), in-12, et un d'Espagnet, in-8º à la devise :
Non Inferiora Secutus ; quatre pièces.

235 — Favart (doct. Théol. Paris), très bel in-8º, et de Faucher, in-8º.

» Fauvel (Ex-bibliotheca D. Abbatis), in-12, taché.

» Ferrandy (Marseille), marge in-8º, percé, déchiré dans le bas ;
quatre pièces.

236 — Feuldran de Lauris, chevalier de Malte, t. bel in-4º, provençal.

» Fieschi (Laurent-Marc), archevêque d'Avignon, collé sur bristol,
in-8º, signé : *L. David, sculpsit Avenione ;* deux pièces.

237 — Forbin (Ex-lib. Jacobi de Janson), abbé, et trois Ex-libris de
Toussaint de Forbin, card. de Janson, in-8º en larg., signés :
Vallet sc. ; quatre belles pièces.

238 — Fortia (M. le comte de), in-12, sans marge, devise : *Turris
fortissima virtus.*

» Fortia (M. le marquis de), bel in-12, marge ; devise : *Ubique
fortis,* signé : *Mourisset sculp.*

239 — Fouques, avocat, in-12, sans marge, et Foucault Nicolas-Jh.,
in-8º sans marge.

»   Gallatin, in-8º, signé : *Robin*, et Gassendi, in-16, sans marge ;
quatre pièces.

240 — Gallien des Essars, provençal (1532), chev. de Malte, superbe
in-4º, marge.

»   Gastaud (Provence), in-16, en larg., un peu déchiré, et Godefroy, in-12 sans marge ; trois pièces.

241 — Gazzera (Biblioth. de M. le Commandeur abbé), chev. de
Malte, in-12 collé sur papier, et l'abbé Gazzera, Ex-libris in-4º
en larg. représentant le Palais des Papes, signé : *Raspail del.
A Leblond sculp.* ; deux belles pièces.

»   J.-B. Gastaldy, D. Med., in-8º sans marge, signé : *Veyrier fecit,
1752* ; deux pièces.

»   Goujon (Sacræ Rotæ Aven. Auditor), in-8º, avec pet. marge ;
deux variantes ; six pièces.

242 — Graffan, in-12, et Goy (Benoît), chevalier, avocat à Lyon ;
deux belles pièces.

243 — Grancour (Simon de), in-4º ovale en larg., très beau, et Emm.
Jean de Guignard, vicomte de St-Priest, in-16 un peu déchiré ;
deux pièces.

»   Grille (d'Estoublon de), Stæ Arelat. Eccl. præp., 1727, in-12
en larg., et un autre à toute marge ; deux pièces.

244 — Grimaldy (M. le Marquis de), gravé par Allin, in-12, marge,
et Jos. Philip. Grumet, Doct. Med. V. M., insignes maçonniques, sans marge ; deux pièces.

245 — Hénault (le Président), de l'Acad. Franç., in-8º sans marge,
et Hôtel-Dieu St-Eloy de Montpellier, in-8º avec marges ;
deux pièces très belles.

246 — Jarente (marquis de), de la Bruyère, Marseille 1703-1780, in-12
en larg., et un anonyme, in-4º à toute marge, signé : *J. Michel inv. et sculpt. Avenione.*

247 — Jaubert (de), trésorier payeur général, Languedoc, in-8º ovale
en haut. ; trois belles pièces dont une un peu déchirée ; deux
variantes.

248 — Jaguir, in-4º ovale en haut., signé : *Branche fecit*, et Jordan,
président à Agde, in-8º.

»   Jaume Franç. Thomas, in-4º encadré double filet, marge, et
Jupilly (Duchier de), in-8º sans marge, signé : *Michel fecit* ;
quatre pièces.

249 — Lanau, in-12, sans marge, et Lud. Vin. Bru. L'Enfant, conseiller du Roi à Monaco, in-4º grande marge, très belle pièce.

»   Lefèbvre de Halle, in-12 marge, et Ludovici Laurent, 1774 (un
trou), in-8º, petite marge ; quatre pièces.

250 — Légier (Joseph), in-8º petite marge, et un anonyme grand
in-4º à toute marge, non signé, superbe pièce.

»   Léon (Michel de), Marseille, trois pièces in-12, pet. marge,
et un in-4º en larg., grande marge ; six pièces.

251 — Le Peigné d'Aumesnil, petit in-16, petite marge, et Lescoët
(l'abbé, comte de), comte de Lyon, in-8° sans marge ; trois
pièces.

» Loinville (Ex-libris D. G. D.), héraldique, in-8°, .p. marge,
signé : *Michel fecit et.*

252 — Charles de Lombardon, conseiller au Parlement d'Aix, 1718,
in-8° en larg., sans marge ; deux belles pièces.

253 — Mandajau (Dessurs de), in-12, p. marge.

» Mareschal (Jh Raymond de), in-8° (tache).

» Maridat (Pierre de), conseiller du Roi, Marseille, in-8°, légère-
ment colorié.

» Maucler (Biblioth. de M. de), in-8° encadré, petite marge ; deux
pièces.

254 — Marie de Médicis, in-8° en larg., un peu déchiré, sans marge.

» Modène *(Je suis à M. le Marquis de)*, in-8°, encadré d'un filet,
sans marge ; deux pièces.

255 — Maurel (de), conseiller au Parlement d'Aix, in-12, p. marge,
initiales V. C. et Montrepos (M. le chevalier de Palys de),
in-12, sans marge.

» Montmajour, in-4°, très beau, gravé par Brupacher, 1765 ;
deux dimensions, un en grand in-4° toute marge ; quatre
belles pièces.

256 — Morénas (Ex-libris F.), in-8° en larg.

» Marand (Ex-libris Petri de), in-8° en larg.

» Normandeau, gravé sur bois par Devaux ; quatre belles pièces
avec marge in-8° et une grand in-4° avec marge.

257 — Noyelle de la Nohairie, in-12 finement gravé avec marge, et
Arausio Secundanorum, gravé sur bois, armes d'Orange, in-8°
toute marge, deux pièces.

258 — Ollivier (Andrea presbyteri), in-8° en larg.

» Olivier (Ex-libris Gabrielis Theodori F. de Salles d'), in-8° en
largeur ; deux variantes ; en tout trois pièces ; une gravée par
Brupacher.

259 — Perrinet (Joseph), in-8° avec marge, et Picard (Abraham),
Arles, in-8°, marge, signé : *Brupacher ;* deux pièces.

» Pierrefeu (l'abbé de), in-8° en larg.

» Polier (de), in-8° tiré en vert (petit trou et taches) ; en tout
quatre pièces.

260 — Pomme, doct. méd., Arles, gr. in-8°, marge, signé : *Rouvière.*

» Pontevès in-16, deux belles pièces.

261 — Poulhariès (Marquis de), Marseille, in-8°, p. marge, et Raynolt
Ed. (Pont St-Bénézet), moderne, in-4°, gr. marge ; deux pièces.

262 — Requin (Biblioth. du docteur), p. in-16, portrait Régis (Mlle
de), signé : *Agry, de Paris.*

» Ribiers (de), in-4°, marge ; trois pièces modernes.

263 — Robert (d'Aqueria de) de Rochegude, in-8° un peu déchiré.

» Rive (de la), in-12 ovale en haut.

» Rosen (de), in-12, sans marge.

» Rosset Maria, pasteur à Lausanne, 1754, gravé par Brupacher,
in-16 sans marge ; quatre pièces.

264 — Salamon fils, avocat du Roi, in-8°, et in-4° ; sept pièces, deux
    variantes (les in-4° représentent l'int. d'une bibliothèque).
265 — Sarret de St-Laurent, in-12 en larg., sans marge.
  »   Seguin Cohorn (de) des marquis de Vassieux, in-8°, sans marge
        (moderne), deux pièces.
266 — Secousse (Rob. François, doct. en Théol.), de Paris, trois
    exempl. in-12, sans marge.
  »   Soissan (M. de), Avignon, in-8° sur papier teinté bleu ; en tout
        quatre pièces.
267 — Sconin (Lud. And.), doct. en Théol., chanoine d'Alais, in-8°,
    sans marge.
  »   Seytres (de), in-12, sans marge ; deux pièces belles et rares.
268 — Tellus (Ant. Ludov.), Adv. Aven., in-12, taché au bord, sans
    marge.
  »   Thelin (de la Biblioth. de M. de), in-4° en largeur, sans marge,
        taché ; deux pièces.
  »   Thierry, in-16, sans marge.
  »   Tilly (Ex-Biblioth. Caroli de), in-12 oct., sans marge ; deux
        , jolies pièces.
269 — Thierry, in-16, sans marge.
  »   Tomas (de) de la Valette, magnifique pièce in-4° en largeur,
        petite marge.
  »   Villeneuve de Vence, in-4°, sans marge.
270 — Vento (des Pennes), in-12, sans marge.
  »   Vassal (de la Biblioth. de M. de), héraldique, in-8° en larg.,
        petite marge ; deux pièces dont une trouée.
271 — Villers (Des livres de J.-C.), in-8°, gravé par *Ollivault*.
  »   Villages (Biblioth. du chevalier de), in-12, filet sans marge.
  »   Villiers (Biblioth. de M. de), commis de Finances, in-12, filet
        sans marge.
  »   Vintimille (Mgr de), archev. d'Aix, signé : *Petit f.*, superbe
        in-4°, gr. marge ; quatre pièces.
272 — Villeneuve Martignan, in-4° sans marge, signé : *Michel, 1732.*
  »   Xaupi Joseph (Docteur de Sorbonne), in-12, sans marge ;
        deux pièces.
  »   Valençay (Biblioth. du château de), in-8°, marge, et Œfely
        (Andreæ Felicis Monacensis), in-8°, sans marge ; 2 pièces.
273 — Ex-libris in-f° aux armes d'Avignon, très beau. — Normandeau,
    collé sur carton in-4° ; deux pièces.
274 — Ex museo Lamberti Claudii Dugad, curé de Lyon, deux exem-
    plaires et attestation de prix aux armes d'Orange ; en tout,
    trois pièces.
275 — Anonyme, in-4° grande marge, deux exemplaires, et un Ex-
    libris Belli de Roaix ; trois pièces.
276 — Quatre Ex-libris anonymes avec marge, signés : *Michel.*
277 — Anonyme, ovale en haut. in-f°, signé : *Michel.*
278 — Anonyme, grande marge, Bibliothèque de Meaux.
279 — Plaque tampon armoriée pour imprimer des Ex-libris, et un
    spécimen en papier imprimé par ce tampon.

Cartes

1 — Carte du Comté Venaissin et de ses six diocèses : Avignon, Orange, Carpentras, Cavaillon et St-Paul-Trois-Châteaux, 1745.

2 — Carte de la Principauté d'Orange, 1627.

3 — Carte des Départements de Vaucluse et des Bouches-du-Rhône, 1791.

4 — Carte du Département de Vaucluse, par M. Perrier, 1846, collée sur toile.

5 — Carte topographique du Département de Vaucluse.

6 — Carte des diverses directions qu'on peut donner au chemin de fer d'Avignon à Marseille (deux exemplaires).

7 — Carte du voyageur sur le Rhône et la Saône, 1854, in-fº.

8 — Carte du Département des Bouches-du-Rhône (Atlas National, 1834), in-fº, trois exemplaires.

9 — Carte de la Provence divisée en ses Vigueries, XVIIIe siècle, dédiée au Comte de Montmor (deux exemplaires).

10 — Carte du Département du Var, grand in-fº.

11 — Carte du théâtre de la guerre en Italie, par Poirson, 1793.

12 — Carte de France divisée en 85 départements, suivant les décrets de l'Assemblée Nationale, 1793.

13 — Carte de la République de France divisée en 85 départements et en dix arrondissements métropolitains, par Poirson, 1793 ; sur cette carte est imprimée la Déclaration des Droits de l'Homme.

14 — Carte géographique de la Provence tracée et gravée par Cundier, sur les mémoires de Jac. de Maretz, son beau-père, professeur de mathématiques à Aix.

15 — Carte du canal de Provence, gravée par Borde, superbe gravure aux insignes révolutionnaires, extraite du *Voyage pittoresque de la France*.

16 — Carte des Bouches-du-Rhône, par MM. Aupick et Perrot, 1823. Tableau géographique et historique du Département des Bouches-du-Rhône, avec carte au centre.

17 — Civitatis Avenionis omniumque viarum et ædificiorum ejus perfecta delineatio, 1635, par Mérian.

18 — Vue d'Avignon en 1570, reproduction au trait. Vue d'Avignon, gravure.

19 — Vue d'Avignon, prise du quai au bois, lithographie en couleur, grand format.

20 — Trois plans d'Avignon et vue du Rhône au soleil couchant, prise à Pont-d'Avignon, d'après Paul Saïn, Salon de 1893.

21 — Plan d'Avignon, 1837, lithographie.

22 — Plan d'Avignon, ancien, XVIIIe siècle, présentant cette singularité que le Rhône y est désigné sous le nom de Sorgue, rivière.

23 — Dix-sept cartes en feuilles du Ministère de l'Intérieur au 1/100.000, pliées dans une couvert. percal.

24 — Sept cartes de l'Etat-major, collées sur toile.

25 — Plan d'Abbeville, dessin en couleur du XVIIIe s., superbe pièce.

Histoire Religieuse et Théologie

280 — *Anonyme* : Les larmes dé Jacques Pineton de Chambrun, pasteur de la maison de S. A. S. d'Orange ; in-8° br., Paris, Adolphe Delahays.

281 — VOIGT : Hist. du Pape Grégoire VII, 2 vol. in-8 br. ; Paris, Aug. Vaton, 1854.

282 — Léon HARMEL : Manuel d'une corporation chrétienne, 1 vol. in-8 br. ; Tours, Mame, 1877.

283 — Jean GERSON : De Imitatione Christi, 1 vol. in-8, incunable de 1483, reliure moderne maroquin rouge, tr. dorées, dent. ; int. lettrines et culs-de-lampe d'un coloriage moderne.

284 — Noël VALOIS : La France et le grand Schisme d'Occident, 4 vol. in-8 br. ; Paris, Picard, 1896.

285 — *Anonyme* : Règlement de la Congrégation des grandes filles, brochure in-12, 30 p, couverture parchemin ; Aix, Jean Arnaud, 1683.

286 — *Anonyme* : Doctrina Christiana, in-12 relié parchemin, imprimé par ordre du cardinal de Richelieu en latin et en arabe pour les Missions du Levant ; Paris, Vitray, 1635.

287 — Jean FORNIER (R. P. de la Doctr. Chrét.) : Discours sur la vérité de la doctrine de la religion catholique, 1 vol. in-12 relié bas. ; Orange, Fortunat Labaye, 1732.

288 — NICOLAI : Bréviaire d'Apt, fort vol. in-8, impression gothique de 1532, ornée de nombreuses et belles gravures sur bois ; 482 pages sur deux col. ; reliure mar. vert, gardes de tabis vert, dentelles et ornements sur les plats. (Pas de frontispice, reliure moderne.)

289 — De la VALLIERE (Mlle) : Réflexions sur la miséricorde de Dieu par une dame pénitente (Mme de la Vallière), petit in-12 relié veau ; Paris, Dezaillier, 1680.

290 — Gilbert GENEBRARD, archev. d'Aix : D. Hilarii, Arelatensis episcopi, de S. Honorato oratio funebris et Eucherii Lugdunensis episcopi, 1 vol. in-8 relié, bandeaux et majuscules renaissance ; Paris, Egidii Gorbinum, 1578.

291 — BOSSUET : Exposition de la doctrine de l'Eglise catholique, 1 vol. in-8 relié veau, armoiries sur les plats ; Paris, Cramoisy, 1686.

292 — Jacob VIGNERIO : Chronicum Lingonense, 1 vol. in-8 relié veau, armoiries sur les plats ; Langres, 1665.

293 — Nouveau Testament, t. II, in-12 relié maroquin rouge, tr. dorées, dentelles sur les plats ; Paris, Ch. Saureux, 1660.

294 — *Anonyme* : Officia propria antiquæ ecclesiæ catedralis Cabellionensis, brochure in-12 de 36 p. ; Avignon, Aubanel, 1823.

295 — Abbé FROMENTIERES : Sermon pour la vêture de Mme la duchesse de la Vallière, brochure s. l. n. d.

296 — *Anonyme* : Vincentii Lirinensis Galli pro catolicæ fidei veritate, 1 vol. in-8 de 60 p., front. caractères de civilité ; Venise, 1549.

297 — *Anonyme* : Officium S. Agricoli, 1 vol. in-4 relié mar. vert, tr. dorées, dent. sur les plats, gard. int. en papier doré ; très belle impression, front. de Michel ; Avignon.

298 — *Anonyme* : Officium beatæ Marthæ Virginis, 1 vol. in-12 relié parchemin, bel Ex-libris au vo du frontispice ; Avignon, Bramereau, 1612.

299 — Théoph. RAYNAUD : Ste Joannes Benedictus, pastor et Pontifex Avenione, 1 vol. in-8, reliure moderne ; Avignon, Bramereau, 1643.

300 — *Anonyme* : Officium Sti Agricoli, 1 vol. in-4, relié mar. rouge, tr. dorées, très bon état, fleurons sur les plats ; Avignon, Girard et Seguin, 1741.

301 — *Anonyme* : Officium Sti Desiderii, suivi de Officia propria insignis ecclesiæ collegiatæ et parochialis Sti Desiderii ; les deux offices réunis en un vol. in-8 relié mar. r., tr. d, dent. sur les plats ; Avignon, Girard, 1737.

302 — *Anonyme* : Officia propria Sanctorum Ecclesiæ et diœcesis Aquensis, petit in-8 sur papier bleuté, relié mar. vert, tr. d., dent. sur les plats, Ex-libris Mgr Champion de Cicé ; Aix, Henricy, 1810.

303 — Mgr de GONTERI : Concilium provinciale Avenionense, 1 vol. in-4 relié veau, très belle impression ; Avignon, Charles Giroud, 1725.

304 — Livre d'église latin français, 1 vol. in-12 relié mar. rouge, reliure défraîchie ; Paris, Libraires associés, 1760.

305 — L'Office de l'Eglise en français, 1 vol. in-8 relié mar. vert foncé, tr. dorées, dent. sur les plats, gros caractères, gravures de Poilly ; Paris, P. Petit, 1713.

306 — L'Office de l'Eglise en français et en latin, 1 vol. in-12, relié mar. rouge, tr. dor., ornements sur les plats, gardes en papier doré ; Paris, Th. Hansy, 1754.

307 — Nouveau Testament grec et latin, fort in-12, reliure gaufrée veau du XVIe s., fermoirs cuivre ; Bâle, Nicolas Bryling, 1553.

308 — Répertoire des sentences de l'Ecriture Sainte, registre manuscrit du XVIe s., portant les armes de la famille de Pérussis.

309 — Alexandri Xaverii Panelli S. J., 1 vol. in-4, relié veau ; Lyon, chez les frères Deville, 1734.

310 — MAUNARD de VAUTRAIT : Relation véritable du foudre du 29 août 1650, en l'église St-Martin d'Avignon, brochure de 24 p. ; Avignon, Bramereau, 1650.
Autre exemplaire de la même broch. imprimée à Paris.

311 — Heures nouvelles dédiées aux dames de St-Cyr en latin et en français, 1 vol. in-8 relié, mar. rouge, tr. d., dent. sur les plats, frontispice de Lesueur ; Paris, Cuissart, 1720.

312 — Chanoine REY : Précis historique sur l'église N.-D. de la Seds à Aix, brochure de 22 p. ; Aix, Augustin Pontier, 1816.

» Mgr l'Archev. d'Aix et d'Arles : Règlement du Séminaire pour le temps des vacances, brochure de 16 p., s. l. n. d. (1820 environ).

313 — Tableau historique de la vie du B. Jean Soanen, évêque de Senez, petit in-8 relié, orné de fines gravures, s. l. n. d. (1750 (environ).

314 — Notice sur la dévotion à N.-D. des Grâces, brochure de 24 p. ; Aix, Aug. Pontier, 1818.

» Chanoine REY : Discours prononcé dans l'église St-Sauveur d'Aix le 27 juillet 1815, brochure in-4, 12 p.

» Missæ propriæ ecclesiæ et diœcesis Aquensis, brochure in-4, 30 p. ; Aix, Ant. Henricy, 1810.

315 — C.-F.-H. BARJAVEL : Notre-Dame de Ste-Garde des Champs, 1 vol. grand in-8 br. sur papier bleu, 2e édition ; Carpentras, Ed. Rolland, 1865.

316 — Entrée solennelle de Mgr de Crochans à Avignon le 17 décembre 1742 ; 1 vol. in-4, br., armoiries ; Avignon, Girard et Seguin, 1743.

317 — Bullarium privilegiarum Comitatus Venaissini, 1 vol. in-4, relié veau ; Carpentras, Dominique-Gaspard Quenin, 1780.

318 — Joseph ANTELME : Assertio pro unico S. Eucherii Lugdunensi episcopo, 1 vol. in-4 relié veau ; Paris, Briasson, 1726.

319 — Chanoine SAUREL : Histoire religieuse du Département de l'Hérault, 4 vol. in-8 br. ; Paris, Champion, 1895.

» Abbé AZAIS : Triduum solennel pour l'inauguration de la statue de Bridaine, 1 vol. in-8 br. ; Nimes, Gervais Bedot, 1882.

» L. AURENCHE : Les Jésuites à Bourg-St-Andéol, brochure ; Privas, Imprimerie Centrale, 1907.

320 — Cte CAIS de PIERLAS : Cartulaire de l'ancienne cathédrale de Nice, 1 vol. in-4 br., papier de Hollande, tiré à 200 exemplaires, exempl. no 8 ; Turin, Paravia, 1888.

321 — Dom Vincent BARRALI SALERNO, moine de Lérins : Chronologia Sanctorum et aliuum virorum ac Abbatum Lirinensis, un fort vol. in-4 cartonné, belle impression, grandes marges, beau frontispice ; Lyon, Pierre Rigaud, 1613.

322 — Dom Théophile BERENGIER : Mgr de Cadenet-Charleval, 1 vol. in-8 relié ; Marseille, Olive, 1884.

» Alexandre JULIEN : Chronique historique des Bourras, 1 vol. in-8 br. ; Marseille, Vial, 1865.

323 — J. OURY : Les Cantiques français, brochure in-8, 24 p. ; Toul, Lemaire, 1897.

» Eglise St-Germain l'Auxerrois, brochure.

» Le livre de la Grâce, étude d'un manuscrit de M. Paul Arbaud, in-4 papier de Holl., reproductions ; Marseille, Imprimerie Marseillaise, 1899.

» Quatre numéros du Bulletin de la Société de St-Jean, brochures in-4 ; Lille, Desclée.

» Mgr DEHAISNES ; Adolphe DAVRIL : Deux brochures in-4, articles de la *Revue de l'Art chrétien*.

324 — Dom BESSE : Abbayes et prieurés de l'ancienne France, tome II, in-8 br. ; Abbaye de Ligugé, 1909.

325 — R. P. Marcel CHOSSAT S. J. : Les Jésuites et leurs œuvres à Avignon, 1553-1768, 1 vol. in-8 br. ; Avignon, Seguin, 1896.

»　　MARCHAND : L'Université d'Avignon, 1 vol. in-8 br.; Paris, Picard, 1900.

326 — ANDREOLI : Monographie de l'église cathédrale St-Siffrein à Carpentras, 1 vol. br. in-8, ; Paris, de Rancé, 1862.

»　　J. de LOYE : Les Archives de la Chambre Apostolique au XIVe siècle, 1 vol. br. in-8, 1re partie : inventaire ; Paris, Thorin et fils, 1899.

327 — V. LAVAL : Cartulaire de l'Université d'Avignon, 1 vol. in-8 br. ; Avignon, Seguin, 1884.

»　　Mgr de SALAMON : Mémoires inédits de l'Internonce à Paris, 1 vol. in-8 relié ; Paris, Plon, 1892.

»　　Vte de RICHEMONT : Correspondance secrète de l'abbé de Salamon, 1 vol. in-8 br. ; Paris, Plon, 1898.

328 — Dr PANSIER : L'Œuvre des Repenties à Avignon, du XIIIe au XVIIIe siècle, 1 vol. in-8 br., ; Avignon, Roumanille, 1910.

329 — R. P. Dom Théoph. BERENGIER, bénédictin ; Vie de Mgr de Belsunce, 2 vol. in-8 br. ; Paris, Delhomme-Briguet, 1887.

»　　R. P. SOULIER S. J. : Les Jésuites à Marseille, 1 vol. in-8 br. ; Avignon, Seguin, 1899.

330 — Chanoine SAUREL : Raymond de Durfort, 1 vol. in-8 br. ; Paris, Champion, 1898.

331 — L. GUIRAUD : La paroisse de St-Denis à Montpellier, 1 vol. in-8 br. ; Montpellier, J. Calas, 1887.

»　　Le Collège St-Benoît, 2 vol. in-8 br., papier de Hollande, tiré à 140 exempl., no 14 ; Montpellier, 1890.

332 — R. P. Dom H. BEAUCHET-FILLEAU, bénédictin : Annales de la Cie du St-Sacrement, 1 vol. in-8 br. ; Marseille, Imprimerie St-Léon.

333 — Cte de PONTBRIAND : Guerres de religion, Le Capitaine Merle, 1 vol. in-8 br. ; Paris, Picard, 1886. Hommage de l'auteur.

334 — Jules de TERRIS : Les évêques de Carpentras, 1 vol. in-8 br. ; Avignon, Seguin, 1886.

335 — *Anonyme :* Couvent de St-André-des-Ramières, brochure incomplète.

»　　Marquis RIPERT DE MONCLAR : Cartulaire de la Commanderie de Richerenches, 1 vol. in-8 br. ; Avignon, Seguin, 1907 (2 exemplaires).

336 — Chanoine ALBANES : Entrée solennelle du pape Urbain V à Marseille, 1 vol. in-8 br., papier de Hollande, tiré à 200 ex. ; Marseille, Boy Estellon.

337 — Ulysse CHEVALIER : Actes anciens et documents concernant le Bienheureux Urbain V, pape, tome 1er, 1 vol. in-8 br. ; Marseille, Ruat, 1897.

338 — MONERIE DE CABRENS : Mgr de Vintimille, évêque de Carcassonne, plaquette in-8 ; Marseille, 1888.

» Eglise St-Martin, — J.-B. Gaut, sa béatification, — Pénitents de Marseille, — Contre l'Oratoire ; en tout quatre brochures.

339 — Basilii Romanorum Imp. Exhortationum capita LXVI ad Leonem filium cognom. Philosophum, 1 vol. in-4 r. ; Paris, Frédéric Morel, 1584.

340 — Abbé MOUTONNET : Notice historique sur l'église St-Agricol, broch. in-12.

» Augustin CANRON : Guide du Pèlerin catholique dans Avignon, broch., 1842.

» Notice sur les Pénitents de la Miséricorde à Avignon, broch.

» Mandement de Mgr l'Archevêque d'Avignon, broch.

» Trois brochures sur Ste Anne d'Apt.

341 — Supplementa ad Breviarium Romanum, 1 vol. petit in-8 relié ; Aix, 1740.

342 — Officia propria Sanctorum Ecclesiæ Regensis, 1 vol. in-8 relié ; Aix, 1785.

343 — Officia propria Sanctorum Ecclesiæ Massiliensis, 1 vol. petit in-8 relié ; Marseille, 1732.

344 — Statuts Synodaux de Sisteron, 1 vol. in-12 relié ; Avignon, Girard, 1745.

345 — Officia propria Sanctorum Ecclesiæ Forojuliensis, 1 vol. relié parchemin ; Aix, Ch. David, 1678.

346 — Guillaume LE BLANC, évêque de Toulon : Recherches et discours sur les controverses entre protestants et catholiques, 1 vol. in-8 relié ; Paris, Nicolas Chesneau, 1579.

347 — Avis aux Jésuites, 1 vol. in-12 relié ; Cologne, du Blanc, 1687.

348 — Officium Sancti Agricoli, 1 vol. in-8 relié ; Avignon, Dupérier, 1671 (deux exemplaires).

349 — Officia propria Sanctorum Ecclesiæ Forojuliensis, 1757.

350 — Officium in solemnitate Sti Lazari episc. Massiliensis, 1 vol. in-8 relié ; Aix, Et. David, 1633.

351 — R. P. COLUMBI : Histoire de Ste Magdeleine, 1 vol. in-8 relié ; Aix, Jean Adibert, 1685.

352 — Officia propria Sanctorum Ecclesiæ Aquensis, 1 vol. in-8 relié ; Aix, René Adibert, 1740.

» Même ouvrage ; Aix, Tholosan, 1627.

353 — Officia propria Sanctæ Ecclesiæ Aptensis, 1 vol. in-8 relié ; Avignon, Tournel, 1769.

354 — Officia aliquorum S. S. ad usum diœcesis Aptensis, 1 vol. in-8 relié ; Marseille, Brebion, 1723.

355 — Breviarium Aptense (pars autumnalis), 1 vol. in-12 relié ; Paris, 1785.

356 — Recueil de Mandements de Mgr l'évêque d'Apt, 1 vol. in-8 relié veau, filets, tr. marb. ; Paris, P. Delaulne, 1698.

357 — Même ouvrage, reliure ordinaire.

358 — Orationes dicendæ ante benedictionem, 6 p. dans une reliure veau in-4 ; Avignon, Domergue, 1775.

359 — Cantus Vesperarum ad usum Ord. F.F. Prædicatorum, beau vol. in-4 relié veau, triple filet, notation en plain-chant, caractères de civilité ; Paris, chez les F.F. Prêcheurs du Grand Couvent, 1704.

360 — Pontificale Romanum in tres partes divisum cum figuris æri incisis Rich. Van Horly pictore celebri, 1 fort vol. in-8 relié veau, nombr. gravures ; Bruxelles, Georges Fricx, 1644.

361 — Officia propria Sanctorum Ecclesiæ Tricastinensis, 1 vol. in-4 relié ; Avignon, Vve Girard, 1758.

362 — La Règle de St Augustin et les constitutions des religieuses de l'Ordre de St-Dominique, 1 vol. in-8 relié ; Avignon, Offray, 1674.

363 — L'Office de St Lazare, 1 vol. in-8 cart. ; Aix, J. Roize, 1614.

364 — Officia propria vener. monast. S. Victoris, 1 vol. petit in-4 ; Marseille, Cl. Garcin, 1673.

365 — Même ouvrage.

366 — Proprium S. S. vener. monast. S. Victoris Ord. S. Benedicti, 1 vol. p. in-8 ; Marseille, 163...

367 — Statuts du Refuge, 1 vol. in-12 ; Avignon, J. Bléry, 1770.

368 — La manière de procéder à la réception et vesture des religieuses de N.-D. de Miséricorde de l'Ordre de St-Augustin, 1 vol. in-8 noté en plain-chant ; s. l. n. d.

369 — Calendrier perpétuel et spirituel pour la ville de Marseille, 1 vol. p. in-8 relié ; Marseille, Vve Brebion, 1713.

370 — Horæ diurnæ Breviarii romani, 1 vol. petit in-8 relié ; Avignon, Giroud frères, 1744.

371 — Jubilé universel de Pie VI, brochure in-12 ; Apt, Niel, 1776.
   » Prières pour la neuvaine à St Joseph, brochure in-12 ; Avignon, Bonnet, 1820 (environ).
   » Abrégé de la vie du vénérable César de Bus, fondateur de la Congrégation des P. de la Doctrine chrétienne, brochure in-12 cart. ; Avignon, Hirschner, 1747.
   » Notice sur M. de Cadenet Charleval, brochure in-8 ; Marseille, Impr. Marseillaise, 1884.

372 — MORTREUIL : Cinq brochures in-8 sur la Biblioth. de l'Abbaye St-Victor ; Marseille, 1854.
   » Les possessions de l'église de Marseille au commencement du IXe siècle, brochure in-8 ; Marseille, Boy, 1855.

373 — Chanoine ARNAUD : La ville de Roquevaire et son église, 1 vol. in-8 br. ; Marseille, libr. de l'Oratoire St-Léon, 1892.

374 — Abbé DASSY : Les Sceaux de l'Église de Marseille, brochure in-8, beau papier, réproductions de 34 sceaux, tiré à 100 exempl. ; Marseille, Olive, 1858.

375 — Abbé Ant. RICARD : Vie de Mgr Gaut, évêque de Marseille, brochure in-8 ; Paris, V. Palmé, 1864.
   » Oraison funèbre du cardinal de Beausset, plaquette, 12 p. in-4 ; Aix, 1824.

376 — R. P. BERNARD, d'Hyères : L'abbaye cistercienne de Sylva-
cane, 1 vol. in-8 br. ; Aix, Remondet, 1891.

377 — Concilium provinciæ Avenionensis, 1 vol. in-4 br. ; Avignon,
Aubanel, 1851.

378 — Abbé BRUYERE : Congrégation des Pauvres Femmes à Avignon, plaquette in-8, 16 p. ; Avignon, Aubanel, 1883.

 » BRUGUIER-ROURE : St Bénézet, plaquette in-8. — Chronique et Cartulaire de Pont-St-Esprit ; deux brochures in-8 ;
Nimes, Clavel et Chastanier, 1895.

 » Concile provincial d'Avignon en 1849, brochure.

379 — Augustin CANRON, : Palais des Papes. — Valbonne, Aiguebelle
et Sénanques ; deux brochures.

 » Abbé BONNEL : Guill.-Louis du Tillet, dernier évêque d'O-
range, br. in-8 ; Meaux, Cochet, 1880.

 » COULONDRES : Chartreuse de Villeneuve, br. in-8 ; Alais,
J. Martin, 1877.

380 — Jules CHEVALIER : Quarante années de l'histoire des évêques
de Valence, br. in-8 ; Paris, Alphonse Picard, 1889.

 » Ulysse CHEVALIER : Le Saint Suaire de Lirey-Chambéry-Turin,
br. in-8 ; Paris, Alph. Picard, 1902.

 » Jules CHEVALIER : Documents sur les évêques d'Avignon
et de Valence, br. in-8 ; Valence, Céas, 1886.

381 — Abbé CHAILLAN : Prieuré ermitage de St-Jean-du-Puy à Trets, br.
 » Studium papale à Trets, br.

382 — Abbé CHOUVET : Histoire de la Confrérie des Pénitents Blancs,
br. in-8 ; Roubaix, Emile Dhondt, 1904.

 » Pénitents Blancs et Etablissement de la dévotion au ·Sacré-
Cœur de Jésus, br. in-8 ; Villedieu, Impr. Provenç., 1906.

383 — Abbé CONSTANTIN : Les Stes-Maries. — La Roque-sur-Per-
nes ; deux broch.

 » Jules COURTET : Chartreuse de Villeneuve, br.

 » Courtois de PELISSIER : Prieuré de St-Germain de Montaigu
sur Alais, br. in-8 ; Alais, Castant, 1904.

 » Abbé DUCHESNE : Evêché de Nice.

 » Abbé DUPOUX : Les chants de la Messe, br. in-8 ; Paris, 1905.

384 — Abbé FUZET : Panégyrique de St Agricol. — Mémoire sur le
culte de Ste Casarie. — Notre-Dame des Fours : 3 brochures.

385 — R. P. Dom Joseph POTHIER, bénédictin : Les Mélodies gré-
goriennes, 1 vol. p. in-4 br. décousu ; Tournay, Imprimerie
St-Jean, 1890.

 » Schola Cantorum, brochure, 1909.

 » GASTOUE : Chants liturgiques, brochure in-8.

 » P. Fr. EUSÈBE : Le chant dans l'ordre séraphique, br. in-12 ;
Solesmes, 1900.

 » Deux numéros de la *Revue du Chant Grégorien*.

 » Abbé DUPOUX : Etudes sur le chant liturgique, br. in-4 ;
Toulouse.

386 — Dix-huit almanachs des Saints de Provence ; les années 1889
et 1892 manquent.

387 — Abbé CONSTANTIN : Les Paroisses du diocèse d'Aix, 1 vol. in-8 broché ; Aix, Makaire, 1890.

388 — L. GUIRAUD : Histoire du Culte et des Miracles de N.- des Tables, 1 vol. in-8-br. ; Montpellier, 1885.

389 — Abbé GUINAUD : Découverte d'un Christ en buis de Jean Guillermain, brochure.

» Le Père INGOLD : Protestation contre l'abbé Jauffret, br. in-8 ; Paris, 1882.

» Michel JOUVE : Journal d'un chanoine de Cavaillon, br. in-8 ; Nimes, 1904.

390 — Canounge BERNARD : La Pas, pastouralo, br. in-8 ; Avignon, Seguin.

» La bouneto dóu Vièi Jaque, pastouralo, br. in-8.

» Li Nouvè d'Antoni Peyrol e de Danis Cassan, br.

391 — Abbé Aug. GRIMAUD : Panegiri de Sant Gens, br. 38 p. ; Aubanel, 1886.

» La Santo Crous dóu Mount-Ventour, br. ; Aubanel, 1891.

392 — SAVIÈ DE FOURVIERO : Santo Rousselino, predicanço ; Avignon, Aubanel, 1891.

» Lou Sant-Sacrament, br. ; Aubanel, 1886.

» Panegiri de Sant Veran, br. ; Avignon, Aubanel, 1893 (deux exemplaires).

393 — Abbé BONNEL : Panegiri de Sant Véran, br. ; Avignon, Aubanel, 1888.

» Camille CHABANEAU : Ste Marie-Magdeleine, brochure in-8 ; Montpellier, 1885.

394 — Abbé Magloire GIRAUD : Histoire du Prieuré de St-Damien, 1 vol. in-8, broché ; Toulon, Laurent, 1849.

395 — Confrérie des Pénitents Blancs d'Avignon, Statuts, 1 vol. in-12 br., Avignon, Aubanel, 1858.

396 — Anonyme : L'Immaculée-Conception d'Avignon, Essai historique, 1 vol. in-8 br., 1897.

397 — Ordonnances Synodales de Fréjus, 1 vol. in-8 relié ; Paris, Cl. Simon, 1779.

398 — Ordonnances Synodales de Die, 1 vol. in-8 relié veau ; Grenoble, Giroud, 1698.

399 — Ordonnances de Viviers, 1 vol. p. in-12, reliure moderne ; Bourg-St-Andéol, Chappuis, 1734.

» Synodus Aquensis ; 1878, brochure in-12.

400 — Félix VERANY : Les Augustins Réformés, 1 vol. in-8 br. ; Marseille, Chauffard, 1885.

401 — L'abbé MILLE : Notre Métropole St-Sauveur d'Aix, 1 vol. in-8 br. ; Aix, Makaire, 1883.

402 — De MAZENOD : Decreta, 1 vol. in-8 br. ; Marseille, Olive, 1832.

403 — Mgr DARCIMOLES, archevêque d'Aix : Ordonnances Synodales, 1 vol. in-8 br. ; Aix, Vitalis, 1853.

404 — Abbé MARBOT : N.-D. de la Seds d'Aix, 1 vol. in-8 br. ; Aix, Makaire, 1904.

405 — Abbé MARBOT : Notre liturgie aixoise, 1 vol. in-8 br. ; Aix, Makaire, 1899.

» Pèlerinage à N.-D. du Château ; Tarascon, brochure.

» Souvenir d'une mission à Tarascon, brochure.

406 — Abbé TOUZE : N.-D. de Consolation à Hyères, br. 24 p., 1886.

» Lettres au R. P. Dom Paul Piolin et supplément, 2 vol. in-8 br. ; Paris, Julien Lanier, 1855.

407 — Abbé LAURE : Histoire de N.-D. de Grâce de Cotignac (Var), 1 vol. in-8 br., gravures ; Marseille, Impr. Marseillaise, 1886.

408 — Histoire des évêques de Nimes, 2 vol. in-8 reliés veau ; Nimes, P. Gosse, 1737.

409 — Chanoine PETITALOT : N.-D. de Rochefort du Gard, 1 vol. in-8 br. ; Lyon, Vitte, 1910.

410 — Chanoine LAMOUREUX : Les Stes-Maries, 1 vol. grand in-8 br. ; Avignon, Aubanel, 1898.

411 — Mgr LATTY, archev. d'Avignon : Histoire civile et religieuse de Grasse, 1 vol. in-8 br. ; Grasse, 1907.

412 — G. de MANTEYER : Les Légendes saintes de Provence, plaquette in-8 ; Rome, Cuggiani, 1897.

» NARNI : Notice sur Mgr Capitone, brochure in-8, Marseille, Camoin, 1875.

413 — L'abbé MOYNE : L'Abbaye de Sénanque, 1 vol. in-12 br. ; Avignon, Aubanel, 1860.

414 — Abbé MOUTONNET : Chronique de Montfavet, broch. in-12 ; Avignon, Seguin, 1850.

» Notice sur l'église St-Agricol, broch. in-12 ; Avignon, Aubanel, 1842.

415 — Abbé NICOLAS : Enquête sur les troubles religieux de St-Gilles, 1 vol. in-8 br. ; Nimes, Gervais-Bedot, 1904.

416 — Histoire des Grands Prieurs et du Grand Prieuré de St-Gilles, 1 vol. in-8 br. ; Nimes, Clavel, 1904.

417 — Ch. PERRIN : Etats pontificaux de France, 1 vol. in-8 br. ; Paris, Joubert, 1847.

418 — H. RAYMOND : Les Origines du Grand-Séminaire St-Charles de la Croix, brochure in-8 ; Avignon, 1902.

» M. REY : Louis XI et les Etats Pontificaux, 1 vol. in-8 br. ; Grenoble, Allier frères, 1899.

» Le cardinal d'Armagnac, broch. in-8 ; Toulouse, Privat, 1898.

» Abbé RICARD : Le Saint Mors, notice historique, broch. in-8 ; Lyon, Pélagaud, 1862.

» REYNAUD : La Tradition des Stes-Maries, 1 vol. in-8 br. ; Marseille, Lebon, 1874.

419 — Abbé ROZE : Notice sur la paroisse de La Palud, 1 vol. in-8 relié ; Carpentras, Devillario, 1854.

» Visite pastorale à Apt en 1806, broch. in-8 ; Pont-St-Esprit, Gros frères, 1860.

» Promenades aux environs d'Apt, 1 vol. in-8 relié.

»   Le château des évêques d'Apt aux Tourrettes, broch. in-8 ; Marseille, Olive, 1868.

»   *Anonyme :* Statuts des Pénitents et des Dames de la Miséricorde à Carpentras, 1 vol. in-12 relié ; Carpentras, Devillario, 1853.

420 — Abbé SAGE : La religion à Mormoiron, broch. in-8 ; Carpentras, Batailler, 1906.

»   Les Religieuses Augustines, broch. in-8 ; Marseille, Imprimerie Marseillaise, 1899.

421 — Abbé TROUILLET : L'abbé Deville Albert, 1 vol. in-8 br. ; Avignon, Aubanel, 1912.

»   *Anonyme :* Eglise Impériale de St-Denis, broch. in-8 ; Paris. Ch. Fichot, 1857.

422 — *Anonyme :* Coutumier pour les Dames de N.-D. de Nazareth d'Aix, 1 vol. p. in-8 relié veau ; Aix, David, 1738.

423 — *Anonyme :* Vie du B. Gaspard Bon, religieux Minime, broch. in-8 ; Marseille, Favel, 1788.

»   Règlements de l'Hôpital des Incurables, broch. in-8 ; Marseille, Vve Brebion, 1753.

»   Lettre de l'abbé d'Oppède à Mgr l'Archevêque d'Aix, broch. in-4 ; Aix, 1749.

424 — *Anonyme :* Recherches historiques concernant les droits du Pape sur Avignon, 1 fort vol. in-8, relié ; Avignon, 1768.

»   Réponse au précédent ouvrage, 1 vol. br. in-8 ; Avignon, 1769.

425 — BOVIS : La Chaire des Curés, 1 vol. in-8 relié ; Rouen, Jac. Hérault, 1666.

426 — Même ouvrage in-8 relié parchemin ; Lyon, Ant. Cellier, 1651.

427 — J.-F. ANDRÉ : Histoire du gouvernement des Recteurs Pontificaux dans le Comtat-Venaissin, 1 vol. in-8 broché ; Carpentras, Devillario, 1847.

428 — Decreta diœcesanæ Synodi Avenionensis, 3 beaux vol. in-4 reliés veau, aux armes de Mgr de Gonteriis sur les plats ; Avignon, Mallard, 1713.

429 — Decreta Synodi Carpentoractensis, 1 vol. in-4 relié veau ; Carpentras, Vincent, 1756.

430 — Abbé LEURIDAN : Mgr Dehaisnes, 1 vol. in-8 br. ; Lille, Danel, 1897.

431 — J. CARSIGNOL : Les Frères Mineurs à Bourg-St-Andéol, broch. in-8 ; Lyon, 1856.

»   Registre des comptes et délibérations de la Confrérie des Pénitents Blancs.

432 — Volume délié relatif au Cardinal de Grimaldi, évêque de Fréjus.

433 — J. ROMAN : Sigillographie du diocèse de Gap, 1 vol. in-4 br. ; Paris, Rollin et Feuardent, 1870.

434 — Ferdinand SAUREL : Histoire de Marie-Nicolas Fournier, évêque de Montpellier, 1 vol. in-4 br. ; Montpellier, Ch. Boehm.

435 — R. P. Frère Paul MORISE : Histoire de l'origine de toutes les religions, 1 vol. in-8, relié parchemin ; Paris, Coulombel, 1578.

436 — Chanoine REDON : Vie et œuvres de l'abbé Pougnet, 1 vol. in-8 broché, gravures ; Avignon, Aubanel, 1901.

437 — Maurice FAUCON : La librairie des Papes d'Avignon, 2 vol. in-8 br. ; Paris, Thorin, 1887.

438 — J. GUIFFREY : La Vie de la Vierge, monographie des tapisseries de la cathédrale de Strasbourg, Album de phototypies sur papier teinté ; Strasbourg, Noiriel.

439 — Decreta Synodi Provinciæ Aquensis, 1 vol. in-8 relié ; Aix, Ch David, 1708 (piqûres de vers).

440 — L'abbé BERNARD : Primatie de la Ste Eglise d'Arles, 1 vol. p. in-4 broché ; Avignon, Seguin, 1886.

441 — L'abbé ALBANÈS : Gallia Christiana novissima, 3 vol. in-4 br., Montbéliard, 1890.

442 — Jules de TERRIS : Les Evêques d'Apt, 1 vol. in-4 br., blasons ; Avignon, Seguin, 1887.

443 — PHILOMNESTE : Predicatoriana ou Révélations sur les prédicateurs, 1 vol. in-8 br. (mouillures) ; Dijon, Victor Lagier, 1841.

444 — Cartulaire du Chapitre de la Cathédrale d'Amiens, tome Ier, in-4 br. ; Amiens, Yvert et Tellier, 1905.

445 — Abbé ALBANÈS : Armorial et Sigillographie des Evêques de Marseille, 1 vol. in-4 br. ; nombreux sceaux et blasons ; Marseille, Marius Olive, 1884.

446 — F. DUCHESNE : Preuves de l'histoire de tous les cardinaux français, 1 vol. in-fol. relié veau, t. II, s. l. n. d. (XVIIe s.) table manuscrite à la fin.

447 — G. PEIGNOT : Recherches historiques sur la personne de Jésus-Christ, de la Vierge Marie, 1 vol. in-8 relié ; Dijon, Lagier, 1829.

448 — Le Père Pierre de St-LOUIS, Carme : La Magdeleine au désert, poème, 1 vol. in-12 relié (ex-libris de Forbin) ; Lyon, Jean Grégoire, 1668.

449 — Ernest HERZOG (de Tubingue) : Galliæ Narbonensis Provinciæ Romanæ Historia, 1 vol. in-8 relié mar. violet, filets et blasons sur les plats, ex-libris Gomez de la Cortina ; Leipsig, 1864.

450 — François EHRLE : Historia Bibliothecæ Pontificium, 1 vol. t. Ier in-4 relié ; Rome, Imprimerie du Vatican, 1890.

451 — Pius Bonifacius GAMS : Series Episcoporum Ecclesiæ Catholicæ, 1 vol. in-4 relié ; Ratisbonne, Georg.-Jph Manz, 1873.

452 — Barthélemy HAUREAU : Gallia Christiana, volume XVI grand in-folio, décousu ; Paris, Firmin Didot, 1865.

453 — Abbé LARGEAULT : Notre-Dame de Celles, son abbaye, son pèlerinage, 1 vol. in-8, br. ; Parthenay, Comte, 1900.

454 — Henri DONIOL : Cartulaire de Brioude, 1 vol. in-4 br. ; Paris, Dumoulin, 1863.

455 — Ulysse CHEVALIER : Cartulaire de l'abbaye de St-Chaffre du Monestier, 1 vol. in-8 br. décousu ; Paris, Picard, 1891.

456 — Paul GUILLAUME : Essai historique sur l'abbaye de Cava, 1 vol. in-8 br. ; Cava dei Tirreni, 1877.

457 — C. FAURIEL : Histoire de la Croisade contre les Albigeois, 1 vol. in-4 relié chagr. rouge, armoiries sur les plats, fac-similé ; Paris, Imprimerie Royale, 1837.

458 — Abbé ALBANES : Gallia Christiana novissima (Marseille), 1 vol grand in-4 br. papier velin, impression sur deux col., 44 sceaux reproduits et 8 fac-similé ; Valence, de Chaléon, 1899.

459 — Malachie d'INGUIMBERT : Decreta Synodi diœcesanæ Carpentoractensis anno 1756, 1 vol. in-4 relié veau ; Carpentras, François Vincent, belle impression, grandes marges.

460 — Jean-Claude DEVILLE : La Sainte Bible, 1 vol. in-fol. relié veau ; nombreuses et belles figures sur bois, reliure détériorée ; Lyon, 1613.

461 — Bullaire de la Ville d'Avignon ou Bulles et Constitutions apostoliques des Souverains Pontifes et Diplômes des Rois, 1 vol. in-fol. reliure moderne, beau front., lettrines ; Lyon, Jean Amati Candi, 1657.

462 — Le R. P. BONTOUS, S. J. : L'auguste piété de la Royale Maison de Bourbon ou Relation de la Réception de MMgrs les Ducs de Bourgogne et de Berry à Avignon, 1 vol. in-fol. relié veau, gravures de Louis David, frontispice aux armes d'Avignon.

463 — *Anonyme* : Histoire des Recteurs du Collège St-Martial d'Avignon, 1 vol. in-fol., reliure moderne, le frontispice manque ; s. l. n. d. (vers 1620 environ).

464 — Nicolas VISCHER : Histoires sacrées du Vieux et du Nouveau Testament représentées par de très belles figures, ou Bible polyglotte (en hollandais, allemand, anglais et français), 1 vol. in-fol. relié veau, belles gravures ; Amsterdam, s. d.

465 — Autre exemplaire du même ouvrage, format in-4.

466 — Jacques de VORAGINE : Legenda aurea, impression gothique, majuscules en couleur ; à la fin, Explicit perutile opus fratris Jacobi de Voragine de Legendis ; impressum Venetiis per Magistrum Christoforum Arnoldum, anno Domini 1478, vivente Duce Andrea Vendramino. — Incunable vénitien d'une conservation parfaite, imprimé sur deux col, relié parchemin, sans pagination, format in-10, légères piqûres.

467 — Josèphe FLAVIUS : Histoire des Juifs, 1 vol. grand in-8, reliure du XVIe siècle, raccommodée au dos, lettrines sur bois historiées, notes marginales ; Paris, Jehan Petit, 1519.

468 — Malachie d'INGUIMBERT : Nicolaii Baccetii florentini Septimianæ historiæ libri VII, 1 vol. in-fol. relié parchemin, vignettes, majuscules historiées, culs-de-lampe, très belle impression, grandes marges ; Rome, Roch Bernabo, 1724.

469 — LE ROY de Ste-Croix : Les quatre Cardinaux de Rohan, 1 vol. in-8 br. ; Paris, Hagemann et Cie, 1881.

470 — Jules de TERRIS : Les évêques d'Apt, leurs blasons et leurs familles, 1 vol. in-4 br. ; blasons ; Avignon, Seguin, 1877.

471 — A.-S. MORIN : Dissertation sur la légende : *Virgini Parituræ*, brochure in-8 ; Paris, Martinet, 1865.

472 — Hippolyte CROZES : Monographie de la cathédrale Ste-Cécile d'Alby, 1 vol in-12 br. ; Alby, Chaillol, 1873.

» Inventaire des biens des églises d'Avignon, broch. ; Avignon, Seguin, 1906.

473 — De CAILLERE : Le courtisan prédestiné (Joyeuse), 1 vol. in-8 relié, portrait ; Paris, Musier, 1728.

474 — Vittorino SANTOGLIO : Inni sacri e novi, 1 vol. in-12 relié veau ; Amsterdam, Westenius, 1760.

475 — Le R. P. Michel-Ange MARIN : Virginie, 2 vol. in-12 reliés ; Avignon, Niel, 1778.

476 — L RICHEOME S. J. : Trois discours pour la religion catholique, 1 vol. in-8 relié parchemin ; Bordeaux, Millanges, 1597.

477 — Heures notées à l'usage des Pénitents, 1 vol. in-4 relié ; Avignon, Bérenguier, 1817-1818.

478 — Heures notées à l'usage des Pénitents, 1 vol. in-4 relié veau ; Avignon, François Seguin, 1778.

479 — MORENAS : Histoire ecclésiastique de l'abbé Fleury, 2 vol. in-8, reliés veau ; Avignon, Delorme, 1750 et 1751.

480 — Anonyme : Abrégé de la vie de César de Bus, brochure, p. in-4 ; Avignon, Hirschner, 1747.

» Histoire de Ste Marie-Magdeleine, 1 vol. in-12 relié ; Marseille, Vve Henri Martel, 1701.

481 — Jean de LAUNOY : Disquisitio disquisitionis de Magdalena Massiliensi advena, 1 vol. in-8, reliure moderne ; Paris, 1743.

482 — R P. PHILIPPE, Carme déchaussé : Voyage d'Orient, 1 vol in-8 relié ; Lyon, Jullieron, 1652.

483 — Officium Sti Agricoli, 1 vol. relié p. in-4 ; Avignon, Bramereau, 1608, frontispice.

484 — L'abbé de MONTY : La Vie du chanoine Paul d'Andrée, de Carpentras, 1 vol. in-8 relié ; Avignon, Guichard, 1783.

485 — L'abbé POULLE : Sermons, 2 vol. in-12 reliés ; Avignon, Guichard, 1778.

486 — Hiacynthe de VERCLOS : La Vie de la R. M. Agnès d'Aguilenqui, capucine, 1 vol. in-8 relié, front. ; Avignon, Marc Chave, 1740.

487 — Le P. Ch. du FAUR : Panégyrique de J.-B. Gault, 1 vol. p. in-4, reliure moderne ; Marseille, Cl. Garcin, 1650.

488 — Anonyme : Vie de Jph-François de Salvador, 1 vol. in-12 relié ; Avignon, L. Chambeau, 1761.

489 — Anonyme : Vie de St Roch, 1 vol. in-8, relié ; Orange, Escoffier, 1836.

490 — Un Prêtre Missionnaire : Vie de Laurent-Dominique. Berlet, 1 vol. in-12 relié ; Avignon, Chambeau, 1758.

491 — Quinzaine de Pâques, 1 vol. p. in-4 imprimé en rouge et en noir, encadrements dans le style du XVIe s, s. l. n. d., le front. manque, mauvais état.

492 — Paraphrasis, seu potiús Epitomæ inscripta D. Erasmo Roterodami, 1 vol. in-8 relié ; Paris, Robert Estienne, 1548 ; reliure fat.

493 — Gaspard AUGERY : Vie de Gallaup de Chasteuil, 1 vol. p. in-8, reliure détériorée ; Aix, J.-B. et Et. Roize, 1671.

494 — Novum Testamentum Græcum, 1 vol. p. in-4 relié bas. verte ; Grenoble, 1611.

495 — L. Fenestellæ de Magistratibus Sacerdotiisque Romanorum, 1 vol. p. in-8 recouvert parchemin ; Jacques Chouet, 1599.

496 — L'abbé TRICHAUD : Vie de J.-J. Vève, curé de Pernes, broch. in-12 ; Toulouse, Rives et Faget, 1866.

» L'abbé FESCH : Au Séminaire, 1 vol. in-12 br. ; Paris, Leday, 1891.

» L'abbé MOUTONNET : Notice historique et artistique de l'église St-Agricol, 1 vol. in-8 br. ; Avignon, Aubanel, 1842.

497 — B. C. : Vie de l'abbé Sollier, 1 vol. in-8 br. ; Avignon, Aubanel, 1843.

498 — Le R. P. J.-B. St-JURE, S. J. : De la connaissance et de l'amour du Fils de Dieu, 1 fort vol. in-8 relié parchemin, dos déchiré ; Avignon, Piot, 1650.

499 — Le R.-P. Louis CAMARET, S. J. : La Morale de Jésus-Christ, t. Ier, relié veau ; Lyon, Ant. Boudet, 1693.

500 — *Un Supérieur de Séminaire :* Plans de Prônes et de Sermons, 1 vol. in-8 relié ; Paris, Gaume, 1853.

501 — Manuale Ordinandorum, 1 vol. in-12 relié ; Avignon, Ant. Offray, 1789.

502 — Decreta Synodi Provincialis Aquensis, 1 vol. in-8 relié parch. ; Paris, Eloy Beisius, 1586.

503 — COLLET : Examen et résolution des principales difficultés sur les saints Mystères, 1 vol. in-8 relié ; Paris, de Bure, 1756.

504 — Le R. P. de GALLIFFET, S. J. : L'Excellence et la Pratique de la dévotion envers la Ste Vierge, 1 vol. in-8 relié ; Lyon, Aimé Delaroche, 1750.

505 — L'abbé de CORDEMOY : Traité des Saintes Images, 1 vol. in-8, relié ; Paris, François Babuty, 1715.

506 — Manuel des cérémonies romaines, 2 vol. in-12 ; Lyon, Ant. Blache, 1818.

507 — Abbé FERAUD : Souvenirs religieux des églises de la haute Provence, 1 vol. in-8 br. ; Digne, Vial, 1879.

508 — GERMER DURAND : Le Prieuré et le Pont de St-Nicolas de Campagnac, brochure in-8, s. l. n. d. (1865 environ).

509 — STESSEL : Recherches historiques sur les droits du Pape sur Avignon, 1 vol. in-8 br., 1768.

510 — Abbé ESPITALLIER : Les premiers évêques de Fréjus et les évêques de Fréjus du VIe au XIIIe siècle, deux brochures in-8 ; Draguignan, Latil, 1891 et 1894.

511 — Jules de TERRIS : Les Evêques d'Apt, 1 vol. in-8 relié, 1880.

512 — LIBRI : Lettres sur le Clergé et la Liberté d'enseignement, 1 vol. in-8 br. ; Paris, Paulin, 1844.

513 — ANDREOLI : Monographie de l'église cathédrale St-Siffrein de Carpentras, 1 vol. in-8 br., planches ; Paris, Bance, 1862 (deux exemplaires).

514 — Zéphyrin BLANCHARD : Vie de Mgr Arbaud, évêque de Gap, 1 vol. in-8 br., portrait ; Gap, J.-C. Richaud, 1896.

515 — *Anonyme :* Notre-Dame de Valbenoite, récits et souvenirs, 1 vol. in-8 br. ; plan et deux héliogravures ; St-Chamond, Poméon, 1893.

516 — La Chartreuse N.-D. des Prés, plaquette de phototypies ; Neuville-sous-Montreuil, Duquat, s. d.

517 — L. BION DE MARLAVAGNE : Histoire de la cathédrale de Rodez, 1 vol. in-8 br., 27 gravures ; Paris, Didron, 1875.

518 — *Anonyme :* Mémoire sur le culte du Bienheureux André Abellon, plaquette in-8 reliée ; Aix, Marius Illy, 1870.

» J. COURTET : Notice sur le V. P. Guillaume Courtet, plaquette in-8 reliée ; Avignon, Gros, 1868.

519 — Le R. P. de RAVIGNAN, S. J. : La Vie chrétienne d'une âme, 1 vol. p. in-12 ; Paris, Poussielgue, 1861.

520 — Victor de PERRODIL : Pratiques de la perfection chrétienne, 2 vol. in-8 reliés ; Paris, Librairie catholique, 1845.

521 — *Anonyme :* Réponse au Mémoire de Guillaume de Juliard contre l'Histoire de la Congrégation des Filles de l'Enfance, 1 vol. in-12 relié, armoiries sur les plats ; Amsterdam, François Girardi, 1737.

522 — Désiré ERASME, de Rotterdam : Selecta colloquia familiariæ, 1 vol. in-12 relié ; Avignon, Ant. Offray, 1770.

523 — Decreta Synodi diœcesanæ Avenionensis annis 1850 et 1851, 1 vol. in-8 relié ; Avignon, L. Aubanel, 1852.

524 — COULONDRES : La Chartreuse de Villeneuve-lez-Avignon, 1 vol. in-8 br. ; Alais, Martin, 1877.

525 — Abbé FABRE de St-VERAN et BARJAVEL : Mémoire historique sur Mgr d'Inguimbert, évêque de Carpentras, 1 vol. in-8 br. ; Carpentras, Devillario, 1860.

526 — Abbé ANDRE : Histoire politique de la Monarchie pontificale au XIVe siècle, 1 vol. in-8 br. ; Paris, Vaton, 1845.

527 — FÉTIS : Méthode de plain-chant, 1 vol. gr. in-8 ; Paris, Vve Canaux, 1846.

528 — Collatio in omnes divi Pauli Apostoli Epistolas, 1 vol. in-4 relié veau ; Lyon, Sébastien Gryphe, 1542.

529 — Les Religions du monde, 1 vol. in-4 reliure moderne, texte et fig. du XVIIe siècle, s. l. n. d.

530 — P. A. SHEEAN : Mon nouveau Vicaire, 1 vol. in-8 br. ; Paris, Lethielleux, 1901.

531 — MENARD : Histoire des Evêques de Nimes, 2 vol. in-8 br. ; La Haye, Pierre Gosse, 1737.

532 — A. BONAL : Institutiones theologicæ, 6 vol. in-12 br. fat. ; Paris, Ruffet, 1869.

533 — Mgr LE COURTIER : Manuel de la Messe, 1 vol. in-8 br. ; Paris, Adrien Le Clère, 1864.

534 — Henri LASSERRE : Notre-Dame de Lourdes, 1 vol. in-8 br., front. ; Paris, Victor Palmé, 1873.

535 — A. DEVOILLE : Mémoires d'un curé de campagne, 1 vol. in-8 br. ; Paris, J. Vermot, s. d.

  »   Statuta diœcesis Avenionensis (supplementum), brochure in-8 ; Avignon, Aubanel.

  »   Discours pour le jour de l'Assomption, brochure 54 p. ; Nimes, Gaude, 1817.

536 — M d'HEAUVILLE : Catéchisme en vers, 1 vol. in-12 relié ; Marseille, Vve Henri Martel, 1709.

537 — *Un prêtre :* Instruction sur le Manuel, en deux parties, 1 vol. in-12 de 800 p. relié parch. ; Avignon, Piot, 1655.

538 — Décisions de la Rote romaine, 94 p. in-4, 1778.

539 — Acte d'appel interjeté du Roy mineur au Roy majeur de la Déclaration du 7 octobre 1717, qui suspend la bulle *Unigenitus,* 28 p. in-4 reliées ; Apt, 1718.

540 — Statuts des Pénitents Noirs du Thor, 8 p. in-4, texte encadré ; Avignon, Vve Joly, 1776.

  »   Le véritable usage de l'autorité séculière en matière de religion, 46 p. in-4 ; Avignon, 1753.

541 — Le Duc de SALVIATI, Vice-Légat : Règlement et réformation des taxes des écritures judiciaires et extra-judiciaires, 56 p. in-4 ; Avignon, Giroud, 1756.

  »   Autre exemplaire (relié) de la même pièce.

542 — Le P. Eusèbe DIDIER : Panégyrique de St Agricol, 80 p. in-4 ; Avignon, S. Tournel, 1755.

543 — Forma juramenti professionis fidei, 4 p. in-4, s. l. n. d.

544 — Sommaire de ce dont on s'informe d'ordinaire pendant la visite pastorale, 20 p. in-4 ; Cavaillon, 17... (mauvais état).

545 — Sentence rendue par l'Archevêque d'Aix entre les époux Bassompierre et de Balzac, 10 p. in-4 ; Aix, 1615.

546 — Antoine GOUDIN : Illustrissimus Dominus Dominicus de Marinis, Archiepisc. Avenionensis, 28 p. in-4 ; Lyon, Ant. Jullieron, 1769.

541 — Cte de GRIMOUARD : Les images du Sacré-Cœur, 1 vol. in-8 br., gravures ; Paris, Œuvre du Vœu National, 1880.

542 — INGOLD : Histoire du Collège libre de Colmar-la-Chapelle, 1 vol. in-8 br., gravures ; Colmar, Paul Jung, 1908.

543 — *Un Supérieur de Grand-Séminaire :* Politesse et convenances ecclésiastiques, 1 vol. in-8 br. ; Paris, Enault, 1872.

  »   MARTIN, protonotaire apostolique : L'Octave des Morts, br.

  »   Mgr SYLVAIN : De la direction spirituelle, br.

544 — G. RENAUDET : Sujets d'oraison, 3 vol. in-12 ; Paris, Poussielgue, 1874.

545 — Abbé GADUEL : Anniversaires des grandes époques de la vie du prêtre, 1 vol. in-12 relié ; Paris, Bouasse-Lebel, s. d.

546 — *Anonyme :* Manuel du Tiers-Ordre du Carmel, 1 vol. in-12 relié ; Paris, Denis Thierry, 1678.

  »   Aug. CANRON : Guide du Pèlerin catholique dans Avignon, br., in-12 ; Avignon, Seguin, 1874.

547 — Victor-Amédée SOARDI : De la suprême autorité pontificale, t. Ier, in-4 relié, armes du pape Benoît XIV sous le titre ; Avignon, Girard, 1747.

548 — Pierre LOMBARD : Sententiarum... divi Thomæ Aquinatis, 1 vol. in-4 relié ; Migne, 1841.

549 — Bible en images, gravures sur bois, s. l. n. d., reliure à l'italienne, fatiguée.

550 — St THOMAS : Somme contre les Gentils, 3 vol. in-8 br. ; Paris, Vivès, 1856.

551 — J.-B. de CAVALLERIIS : Romanorum Pontificum effigies, 1 vol. in-8 relié, portraits des Papes gravés sur cuivre jusqu'à Grégoire XIII ; — à la fin, liste manuscrite des Papes jusqu'à Pie IX ; Rome, 1580.

552 — Th. RAYNAUD : De incorruptione cadaverum, 1 vol. in-8 relié parchemin ; Avignon, Bramereau, 1665.

»   Glossaire roman—latin du XVe s., plaquette in-8 ; Bruxelles, Vandale, 1846.

553 — L'abbé MIGNE : Encyclopédie théologique, tomes 4, 13, 28, 29, 30, 31 et 47, soit 7 vol. in-4, six brochés et un relié ; Paris, 1846 et 1854.

554 — Louis de la MADELEINE, religieux carme : L'Eliade, poème héroïque en trois chants, un vol. in-fol. manuscrit, texte encadré, XVIIIe siècle, mauvais état.

555 — St Thomas d'AQUIN : Commentaria in omnes D. Pauli Apostoli epistolas, 3 vol. in-8 br. ; Paris, Vivès, 1870.

556 — Summa Theologica, 8 vol. in-8 br. ; Bar-le-Duc, L. Guérin, 1869.

557 — St Alphonse de LIGUORI : Theologia Moralis, 4 vol. in-8 br. ; Paris, L. Vivès, 1872.

558 — SCHRAM : Théologie mystique, 2 vol. in-8 br.; Paris, Vivès, 1874.

559 — St BERNARDIN : Opera omnia, t. IV et V, in-8 br., 1872.

560 — INGOLD : Mémoires domestiques pour servir à l'Histoire de l'Oratoire, 4 vol. in-8 br. ; Grenoble, Impr. N.-Dame, 1904.

561 — Histoire de l'édition bénédictine de St-Augustin, 1 vol. in-8 br. ; Paris, Alphonse Picard, 1903.

562 — Alsatia sacra, 2 vol. in-8 br. ; Paris, Alph. Picard, 1899.

562 bis Decreta Synodi Provincialis Aquensis mense februarii anno Domini 1585, 1 vol. in-8, reliure amateur, coins, tr. dorées, ex-libris Paul Arbaud ; Paris, Eloi Beysius, 1586.

Comtat Venaissin, Principauté d'Orange et Avignon

563 — NICOLINI (Mgr François) : Recueil des principaux règlements faits par les Illustrissimes et Excellentissimes Seigneurs Vice-Légats, 1 vol. in-4 relié veau. L'ouvrage se termine par un règlement manuscrit de Mgr Sforza, Vice-Légat, et par une supplique des Consuls et habitants de Caromb ; Avignon, Lemolt, 1685.

564 — Pierre TULLE : Recueil des principaux règlements faits par
les Eminentissimes Cardinaux Légats ou Illustr. et Excellent.
Vice-Légats concernant la cité d'Avignon et le pays du Comté-
Venaissin, ensemble la bulle *Super bono regimine* traduite en
français, in-4 relié peau verte ; Avignon, Chastel, 1670.

565 — Vasquin PHILIEUL : Les Statuts de la Comté de Venaissin,
1 vol. p. in-4 relié veau ; Avignon, Cl. Bousquet, 1558.

566 — *Du même :* autre exemplaire.

567 — *Du même :* Les Statuts du Comtat-Venaissin, 1 vol. in-8 relié ;
Carpentras, Touzet, 1700.

568 — Les Statuts de la Comté de Venaissin, 1 vol. p. in-4 relié parchemin ; Avignon, Claude Bousquet, 1558.

569 — A. FRARY : Monuments de sculpture, peinture, architecture
de l'ancien Comtat-Venaissin, 1 vol. in-4, édition romantique,
reliure amateur ; Paris, chez l'auteur, s. d.

570 — Hyac. GAUDIBERT : Recueil de divers titres relatifs à Carpentras, 1 vol. in-4 relié ; Carpentras, Quenin, 1782.

571 — Statuts de la Ville d'Avignon en latin et en français, 1 vol.
in-4 relié parchemin ; Avignon, Bramereau, 1617.

572 — Toussaint PASTUREL : En Provence et au Comtat-Venaissin.
Eloges historiques de ceux qui sont morts en servant les
pestiférés en 1720, 21 et 22, 1 vol. in-4 relié veau ; Aix,
Jean Adibert, 1722.

573 — Inauguration du monument Aubanel. Discours et documents,
br. in-8 ; Montpellier, Impr. du Midi, 1889.

» Recueil factice de documents sur Avignon et le Comtat :
1. Lettres de Gagiere, recteur de Carpentras. — 2. Moulins
de Sarrians. — 3. Pièce relative à l'évêque d'Apt. — 4. Consuls de Visan. — 5. Jésuites de Carpentras (La Pusque). —
6 Autre pièce même sujet (La Pusque). — 7. Lettre. 2e d'un
Evêque à un Archevêque. — 8. Règlement pour Villeneuve-
lez-Avignons. — 9. Octroi de Barbentane. — 10. Dom Tem-
pier contre Dom Péru, mémoire. — 11. Règlement par le
Vice-Légat Salviati sur les frais de justice. — 12. Bref de
Pie VI. — 13 Mandement de l'Evêque de St-Malo. — 14. Arrêt du Parlement sur les biens des Jésuites. — 15. Arrêt de la
Cour des Comptes. — 16. Précis pour M. Sylvestre, notaire
à Avignon. — 17. Arrêté sur la vaccine. — 18. Neuf profes-
sions de foi électorales de 1848. — 19. Mémoire pour les Consuls de Villeneuve-lez-Avignon. — 20 Egon, redditus votis
civium Avenionensium egloga. — 21. Mémoire sur la culture
de l'olivier.

574 — Recueil factice reliure in-4 n° 4 : 1. Mémoire pour les reli-
ghieuses de St-Joseph d'Avignon. — 2. Mémoire pour M.
Guillaume Puy, maire d'Avignon. — 3. Bulle du pape Urbain VIII. — 4. Baux à ferme des hospices d'Avignon. —
5. Règlement des Sapeurs-Pompiers d'Avignon. — 6. Arrêté
du Maire d'Avignon, salaire des portefaix. — 7. Discours du
Préfet de Suleau pour l'installation de M. de Montfaucon,
maire d'Avignon, 1826. — 8. Prud'homie à Avignon. —
9 Notes adressées aux conseillers municipaux d'Avignon. —

10. Règlement et tarif d'octroi d'Avignon. — 11. Rapport rélatif aux inondations. — 12. Observations sur les hospices. — 13. Mémoire contre les veloutiers et ouvriers en soie. — 14. Ordonnance de police. — 15. Mémoire sur les fontaines publiques. — 16. Mémoire contre le canal de Marseille. — 17. Chirographe de Pie VI. — 18. Divers actes pontificaux.

575 — Recueil factice (reliure in-4, n° 5) : 1. Délibération de Villeneuve. — 2. Œuvre de Jésus-Marie-Joseph. — 3. Institution des Pères Doctrinaires. — 4. Documents sur Ste-Garde (latin). — 5. Journal *Le Courrier* du 1er janvier au 31 décembre 1734 (année complète).

576 — Maxime PAZZIS : Mémoire statistique sur le Département de Vaucluse, 1 vol. in-4 relié ; Carpentras, Quenin, 1808.

577 — Alfred SAUREL : Histoire de la Ville de Malaucène, 2 vol. in-8, br. ; Avignon, Roumanille, 1883.

578 — V. LAVAL : Histoire de la Faculté de Médecine d'Avignon, 1 vol. in-8 br. ; Avignon, Seguin, 1889.

579 — *Syndicat du Canal de Vaucluse* : Le Canal de Vaucluse, 1 vol. in-8 br. ; Avignon, Seguin, 1905.

580 — Cte de PONTBRIAND : Histoire de la Principauté d'Orange, 1 vol. in-8 br. ; Avignon, Seguin, 1891.

581 — Abbé Fernand SAUREL : Abrégé de l'hist. de Malaucène, 1 vol. in-8 br. ; Avignon, Roumanille, 1886.

582 — Canal de Cabedan-Neuf (archives), 1 vol. in-8 cartonné (2 exemplaires) ; Cavaillon, Mistral, 1883.

583 — Abbé BONNEL : Les 332 Victimes de la Commission populaire d'Orange, 2 vol. in-8 br. ; Avignon, Roumanille, 1888.

584 — CHARPENNE : Histoire des Réunions temporaires d'Avignon et du Comtat à la France, 2 vol. in-8 br. ; Paris, Calmann Lévy, 1886.

585 — Hyacinthe d'OLIVIER VITALIS : La Laure de Pétrarque, 1 vol. in-8 relié ; Paris, Teschner, 1842.

586 — Vaucluse : Monographies et pièces diverses, 1 vol. r.

587 — Abbé ANDRE : Histoire de la Papauté à Avignon, 1 vol. in-8 br. ; Avignon, Seguin, 1887.

588 — Abbé CLEMENT : Le Monastère-Collège de St-Martial d'Avignon, 1 vol. in-8 br. ; Avignon, Seguin, 1893.

589 — Dictionnaire biographique de Vaucluse, 1 vol. in-8 relié percaline, nombreuses photogr. ; Paris, Flammarion.

590 — Annales de la Société littéraire d'Apt, 3 vol. in-8 reliés ; Apt, Jean, s. d.

591 — Abbe GRANGET : Histoire du diocèse d'Avignon, 2 vol. in-8 br. ; Avignon, Seguin aîné, 1862.

592 — Abbé BOZE : Hist. de l'Eglise d'Apt, 1 vol. in-8 relié, filets sur les plats ; Apt, Trémollière, 1820.

593 — Abbé ROSE : Tableau de l'Eglise d'Apt, 1 vol. in-8 br. ; Avignon, Aubanel, 1842.

594 — Quiqueran de Beaujeu : Mme Adélaïde Parrocel. — Notices histor. sur l'antiquité de la Ville de Carpentras : trois brochures de différents formats.

595 — Cte VELLOZO-PINTO : Réfutation des prétentions du Pape sur Avignon, brochure ; Avignon, 1769.

596 — Marquis de FORTIA d'URBAN : Vie de Crillon, 3 vol. in-8 br. ; Paris, Dupont et Roret, 1825.

597 — M. M... : Concordance des deux styles grégorien et républicain, brochure ; Avignon, Guichard, 1806.

  »   Lettres histor. sur le Comtat, 1 vol. p. in-8 ; Amsterdam, 1768.

598 — Mémoires de la Société littéraire d'Apt, 3 vol. br. in-8, années 1873, 1874 et 1877.

  »   Palmarès du Collège d'Apt, 1829, brochure.

  »   Inauguration du Canal de Cadenet, brochure.

599 — Bulletin historique et archéologique de Vaucluse, 7 vol. br. in-8 ; Avignon, Seguin, années 1879 à 1885.

600 — Abbé ALLEGRE : Monographie de Baumes de Venisse, 1 vol. in-4 br. ; Carpentras, Condamin, 1888.

  »   Victor ADVIELLE : L'abbé Prompsault, brochure in-8 ; Pont-St-Esprit, Gros, 1862.

  »   Abbé PROMPSAULT : Choix de notes sur l'histoire de Bollène, brochure in-8 ; Avignon, Seguin, 1887.

  »   Gustave BAYLE : Marie Mancini à Avignon, brochure in-8 ; Avignon, Seguin, 1883.

  »   Abbé BOURGUE : Bédoin, souvenirs, broch. in-8 ; Grenoble, Vallier, 1907.

601 — Abbé BRUYERE : Recherches historiques sur Sarrians, broch. in-8 ; Avignon, Seguin, 1869.

  »   Jules COURTET : Notice histor. et archéolog. sur Avignon, broch.

  »   *Anonyme :* Château de Saumanes, broch. in-4, 16 p.

  »   Abbé DANIEL : Notice sur Séguret, broch. in-8 ; Villedieu, 1905.

  »   Fernand CORTEZ : Eglise St-Maximin (notice sur l'), broch.

602 — DUHAMEL : Chartes et Statuts de Châteauneuf-de-Gadagne. — Les Etats provinciaux du Comtat Venaissin. — Une église romane à Orange ; trois brochures.

603 — Maurice FALQUE : Le Procès du Rhône, 1 vol. br. in-8 ; Avignon, Roumanille, 1908.

604 — Paul de Faucher : Livre de raison d'Honoré de Gras, broch. in-8 ; Valence, 1905. — Le Couvent des Récollets à Bollène, broch. in-8 ; Villedieu, 1905. — Roquesante, 1 vol. in-8 br. ; Aix, Makaire, 1895. — Incendie de la frégate La Nymphe en 1757, broch., 1906.

605 — Victor FAUDON : Essai sur les institutions judiciaires d'Avignon, broch.

  »   Cl. FAURE : Etude sur l'administration et l'histoire du Comtat-Venaissin, 1 vol. in-8 br. ; Avignon, Roumanille, 1909.

606 — Abbé FER : Notice histor. sur N.-D. de Lumière, broch. in-12, 1861

  »   Comte de FORBIN : Balthazar de Fogasse, broch. in-8 ; Seguin, 1911.

» GENERAT : Vindalium et Aeria, recherches histor., broch. in-8 ; Avignon, Clément St-Just, 1862.

» Abbé GRANGET : Bédarrides, broch. in-8 ; Avignon, Bonnet, 1850.

607 — Jules COURTET : Notice sur Avignon, 1 vol. grand in-8 relié ; Paris, Leleux, 1855.

» GONTARD : Discours sur l'organisation de la justice dans le Comté-Venaissin, broch. in-8, 1883.

608 — Henri GRANEL : Histoire de la Pharmacie à Avignon, 1 vol. in-8 br. ; Paris, Maloine, 1905.

609 — J. GUERIN : Discours sur l'histoire d'Avignon, 1 vol. p. in-4 relié ; Avignon, Vve Guichard, 1807.

610 — HONNORAT : Projet d'un Dictionnaire provençal-français, broch. in-8.

» Michel JOUVE : Pharmacie de l'Hôpital de Cavaillon, br. in-8 ; Nimes, 1908.

611 — Album d'Avignon, Recueil d'intérêt social et littéraire, 1 vol. relié in-8, 1838.

612 — LABANDE : Avignon au XIIIe siècle, 1 vol. fort in-8 br. ; Paris, Alph. Picard, 1908. — Gabriel Bourges, plaquette in-8 br. ; Avignon, Seguin, 1909. — Etudes historiques, archéologiques, Provence et Bas Languedoc, 1 vol. in-8 br. ; Avignon, Seguin, 1902. — Eglise N.-D. des Doms des Origines au XIIIe siècle, broch. in-8 ; Paris, Impr. Nationale, 1907.

613 — Docteur LAVAL : Inscriptions inédites de l'Université d'Avignon, broch. gr. in-8 ; Avignon, Seguin, 1886.

» Alfred MAILLE : Aperçu historique sur Pertuis, 1 vol. in-8 relié ; Pertuis, Martin, 1888.

614 — Valère MARTIN : Restes du couvent des Capucins de Cavaillon, 1 vol. in-8 br. ; Avignon, Seguin, 1878.

615 — Jean SAINT-MARTIN : La Belle Etoile à Pertuis, broch. in-8 ; Aix, Makaire, 1863.

» Fernand SAUVE : Buoux, 1 vol. in-8 br. ; Avignon, Seguin, 1910.

616 — PROMPSAULT : Histoire de Modène, broch. in-8 ; Carpentras, Tourrette, 1883.

» Baron de VISSAC : Perrinet Parpaille. — L'abbé Bridaine. — Le Lieutenant-général Mis de Rochechouart : trois brochures.

617 — *Anonyme* : Précis de l'Histoire d'Avignon, 2 vol. in-8 br. ; Avignon, Seguin aîné, 1852.

618 — J.-B. JOUDOU : Essai sur l'Histoire de la Ville d'Avignon, 1 vol. in-8 br. ; Avignon, Théod. Fischer, 1853.

619 — GAVOT : Titres de l'ancien Comté de Sault, t. I, seul paru, in-8 br. ; Apt, 1865.

620 — *Anonyme* : Notes historiques sur les Recteurs du ci-devant Comté-Venaissin, 1 fort vol. in-8 relié ; Carpentras, Proyet, 1806.

621 — Alph. RASTOUL : Tableau d'Avignon, 1 vol. in-8 relié ; Avignon, Rastoul, 1836.

622 — *Anonyme* : Annales patriotiques du Comté-Venaissin, t. I, 1 fort vol. in-8 br. ; Carpentras, Proyet, 1790.

623 — Le P. BONNET : Comptes faits des Monnaies en usage à
Avignon, 1 vol. in-8 relié ; Avignon, Chastanier, 1716.

624 — Ch. COTTIER : Notice historique sur la Ville de Carpentras,
1 vol. in-8 relié ; Carpentras, Devillario, Quenin, 1827.

625 — Aug. CANRON : Aperçu historique sur les bâtiments de l'ancienne succursale des Invalides à Avignon, 1 vol. in-8 relié ;
Avignon, Jacquet, 1854.

626 — Ernest ROUSSEL : Orange, 1 vol. in-8 br. ; Paris, Gautherin,
1906.

627 — PENJON : Avignon, in-8 br., 3e édition et nouvelle édition
     (deux exempl.).

628 — Jean SAINT-MARTIN : La Fontaine de Vaucluse, 1 vol. in-8
br. ; Paris, Sauvaitre, 1896.

629 — E. BENOIT : Usages locaux d'Avignon, 1 vol. in-8 br. ; Avignon, Seguin, 1876.

630 — Aug. CANRON : Essai historique sur l'abbaye des RR. PP.
Prémontrés, 1 vol. in-8 br. ; Avignon, Seguin, 1876.

631 — J.-B. JOUDOU : Hist. des Souverains Pontifes qui ont siégé
à Avignon, t. II, 1 vol. in-8 relié ; Avignon, Théod. Fischer, 1855.

632 — *Anonyme :* Chapellenies fondées dans l'église de l'Isle-sur-
Sorgue, broch. in-4 ; Avignon, Tournel, 1755.

633 — E. de TEULE : Chronologie des Docteurs en droit civil de
l'Université d'Avignon, 1 vol. in-8, br. ; Paris, Lechevallier,
1887.

  »   *Anonyme :* Avignon au XVIIIe siècle, Réjouissances publiques,
broch. in-8.

634 — Reconnaissances et hommages envers les familles de la Salle
et de Lopis, XVIe siècle.

635 — LIABASTRES : Histoire de Carpentras, 1 vol. gr., in-4 br.,
gravures ; Carpentras, Léon Barriet, 1891.

636 — Armand DAYOT : Les Vernet, 1 vol. in-4, nombreuses gravures ; Paris, Armand Magnier, 1898.

637 — Documents sur Avignon reliés en 1 vol. in-fol. ; Avignon, Chambeau, 1752.

638 — J.-A. BARRAL : Les Irrigations dans le département de Vaucluse, 1 vol. in-4 br. ; Imprimerie Nationale, 1878.

639 — Aug. CANRON : Mnemoysinum, registre des collections Mas-
silian.

640 — M. PELLECHET : Notes sur des imprimeurs du Comtat-Venaissin, 1 vol. in-8 br. ; Paris, Alph. Picard, 1887.

641 — C.-F.-H. BARJAVEL : Dictionnaire historique, biographique
et bibliographique du Département de Vaucluse, 2 vol. in-8,
reliure romantique ; Carpentras, Devillario, 1841.

642 — AUBERT : Les Vauclusiens ou Dictionnaire biographique spécial au Département de Vaucluse, 1 vol. br. in-8, mauvais
état, et 1 vol. de supplément ; Avignon, Seguin, 1890.

643 — Bulletin historique, archéologique et artistique de Vaucluse,
les quatre premières années, la première est en double.

644 — *Anonyme :* Mémoires sur la révolution d'Avignon, 2 vol. in-4 reliés mar. rouge, plats entourés d'un encadrement de grecques, beau papier, grandes marges, superbe impression, tr. dorées, ouvrage anonyme, sans lieu, terminé par un chirographe du Pape Pie VI et par la copie d'une lettre en latin à l'Empereur d'Autriche Léopold, 1793.

645 — TEISSIER : Histoire des Souverains Pontifes qui ont siégé dans Avignon, 1 vol. in-4 relié veau ; Avignon, Aubert, 1774.

646 — FORNERY : Mémoires pour servir à l'histoire du Comté-Venaissin et de la Ville d'Avignon, 2 vol. in-4 reliés veau, écriture manuscrite très lisible (vers 1750).

647 — Maxime PAZZIS : Mémoire statistique sur le Département de Vaucluse, 1 vol. in-4 br. ; Carpentras, Quenin, 1808.

648 — Jules COURTET : Dictionnaire des Communes du Département de Vaucluse, 1 vol. in-8 relié ; Avignon, Bonnet fils, 1857.

649 — De FORTIA D'URBAN : Antiquités et monuments du Département de Vaucluse, 2 vol. in-12 br. ; Avignon, Seguin frères, 1808.

650 — L'abbé ANDRÉ : Notes sur l'histoire du Département de Vaucluse, brochure in-8 ; Vaucluse, Denis Coursant, 1876.

651 — Clément FANOT : Guide d'Avignon, 1 vol. in-8 br. ; Avignon, Roumanille, 1860.

» Victor ADVIELLE : L'abbé Prompsault, notice biographique et littéraire, 1 vol. in-8 br. ; Pont-St-Esprit, Gros frères, 1862.

652 — L'abbé ROSE : Notice historique sur la paroisse de La Palud, 1 vol. in-8 br. ; Carpentras, Devillario, 1854.

653 — L'abbé JALLAT : Monographie de l'église paroissiale de l'Isle-sur-Sorgue ; Avignon, F. Seguin, 1877.

» Autre exemplaire du précédent ouvrage.

654 — J. BASTET : Histoire de la Ville et de la Principauté d'Orange, 1 vol. in-8 br. ; Orange, Raphel, 1856.

655 — Félix ACHARD : La Municipalité et la République d'Avignon, 1 vol. in-8 br. ; Avignon, Clément St-Just, 1872.

656 — Jules COURTET : Les Révolutionnaires, 1 vol. in-8 br. ; Paris, P. Grou, 1873.

657 — Abbé CONSTANTIN : Histoire de St-Pierre de Vassols, broch. in-8 ; Carpentras, Tourrette, 1884.

» Dr Victorin LAVAL : Attestation des études de Nicolas Saboly, plaquette in-8 ; Avignon, Seguin, 1879.

» Victor FAUDON : Essai sur les institutions judiciaires, politiques et municipales d'Avignon, broch. in-8 ; Nîmes, Clavel, 1867.

» Martial MAILLET : Notice sur les imprimeurs d'Orange, plaquette in-8 ; Valence, Chénevier, 1877.

» Autre exemplaire du précédent ouvrage (relié).

658 — SIEGMAR et le Cte DOHNA : Les Comtes Dohna à Orange, 1 vol. in-8 br. ; Berlin, Grunert frères, 1878.

659 — V. de BAUMEFORT : Cession de la ville et de l'Etat d'Avignon par Jeanne Ière, 1 vol. in-8 br. ; Apt, J.S. Jean, 1873.

660 — Mémoires de l'Athénée de Vaucluse, 2e partie, broch. in-8 ; Avignon, Hipp. Offray, 1806.

» Même ouvrage, 1re partie, 1 vol. in-8 br. ; Avignon, Alph. Berenguier, 1804.

661 — TASSIN : Atlas de la Principauté d'Orange et Comtat de Venaissin, frontispice et trois cartes, 1638.

662 — Abbé Fernand SAUREL : Aeria. — Recherches sur son emplacement, 1 vol. in-8 br. ; Avignon, Roumanille, 1885.

» A. Sagnier : Rapport sur l'ouvrage précédent, broch. in-8 ; Avignon, Seguin, 1885.

» L'emplacement d'Aeria, broch. in-8, 1887.

» Abbe F. SAUREL : Clairier, véritable emplacement d'Aeria, broch. in-8 ; Avignon, Roumanille, 1887.

663 — Anonyme : Aperçu historique sur l'Hôtel des Militaires Invalides d'Avignon, broch. in-8 ; Avignon, Jacquet, 1855.

» L.H. LABANDE : Catalogue sommaire des manuscrits de la Biblioth. d'Avignon, 1 vol. grand in-8, papier de luxe ; Avignon, Seguin, 1892.

664 — Le R. P. François BENING, S. J. : Le Bouclier d'honneur, ou Panégyrique du brave Crillon, 1 vol. in-12 cart. ; Paris, Desprez, 1759.

665 — J.-F. BRACHET : Voyage d'un Anglais dans le Département de Vaucluse, broch. in-12 ; Avignon, Bonnet fils, 1821.

» Représentations des Etats du Comté Venaissin à M. le Comte de Passionei, vice-légat, pièce in-fol. de 40 pages ; Avignon, Chambeau, 1756.

» Mémoire pour Noble Jph Teste, pièce in-fol. 32 p., Avignon, Girard, 1736, et supplément, 20 p.

666 — Eminentissimo Principi Bernardino S. R. E. Cardinali Giraud, Ode Panegyrica, 10 fos, in-4, texte encadré, beau papier. — Ode traduite en vers italiens à la fin.

667 — Response de la Ville d'Avignon à M. l'abbé de Jarente-Cabanes, prévôt de l'église métropolitaine, 16 p. in-fol, armes d'Avignon sous le titre ; Avignon, Sébastien Offray, 1702.

668 — Arrêt de la Cour de Parlement de Provence prononçant la réunion de la Ville d'Avignon et du Comté Venaissin à la Couronne, affiche collée à un cartonnage in-4 ; Avignon, Bramereau, 1663.

669 — François ANSELME, doyen de l'église St-Pierre : Ad Clementem XIV P. O. M. Avenio Pontificiæ Ditioni restituta, 2 p. in-4 et 2 p. en blanc, s. l. n. d.

670 — Liste générale des émigrés du district de Carpentras, 12 p. in-4 ; Carpentras, Proyet, an II.

671 — MORENAS : Relation de ce qui s'est passé dans Avignon lors de l'inondation de 1755 (30 novembre), 28 p. in-4, aux armes de la Ville sur le titre ; Avignon, Chambeau, 1756.

672 — Jugement rendu entre Ant. Agnès et Lazare Roux, et résumé du plaidoyer pour la dame Lacoste contre les frères Lacoste et ses fils, pièce de 152 p. in-4 ; Avignon et Grenoble, 1793.

673 — Mémoire pour le Sr Chambon, de Bollène, contre le Procureur Général Impérial de Vaucluse. 20 p. in-4 an XI.

, Avenionem Immissionis super reservatis, 10 feuillets in-4 (pièce incomplète, s. l. n. d.).

, Seigneuries d'Aramon et de Valabrègues, 4 p. in-fol., 1637.

, Factum du procès entre Marie de la Baume, veuve Esprit d'Allard, contre les arrêts de la Chambre de l'Edict, 4 p. in-fol. 1637.

674 — Réflexions sur la question de savoir si l'augmentation du prix du sel présente ou non des avantages pour les Avignonais, 12 p. in-4, s. l. n. d.

, Recueil des pièces justificatives pour le Marquis de Valori contre Suriam, négociant, 20 p. in-4, Lyon, 1787.

675 — Relation du passage de la duchesse d'Angoulême à Avignon en 1823, plaquette 12 p. in-4.

676 — Bail de la ferme du tabac à Avignon en 1751, 24 p. in-4 ; Avignon, Giroud, 1751.

677 — Mémoire pour M. de Laurens d'Oiselay contre les frères Colombe, 32 p. in-4, an XIII.

678 — Marquis de CAUMONT : Réflexions sur les privilèges d'Avignon, 64 p. in-4 ; Avignon, Offray, 1786.

, Mémoire pour David de Milhau contre Rose Bressi, 16 p. in-4 ; Avignon, J. Bléry, 1771.

679 — Mémoire pour le Duc et la Duchesse de Crillon contre Mme de Cartier, 12 p. in-4 ; Avignon, Henri Joly, s. 'd.

, Réponse des sieurs d'Astier contre leur frère aîné, 52 p. in-4, 1772.

680 — ARNAUD MONTAN : La Maison d'Orange-Nassau, 1 vol. in-12 relié, frontispice ; Amsterdam, Eloi Valckenier, 1663.

681 — Vasquin PHILIEUL : Les Statuts de la Comté de Venaissin, 1 vol. in-8 couvert parchemin ; Avignon, Cl. Bousquet, 1558.

682 — Notice des tableaux placés en 1814 dans les églises d'Avignon sur la demande du Maire, manuscrit petit in-4.

683 — Table générale des écritures extrajudiciaires de M. Flassany, notaire du Thor, Ms in-4 relié bas. verte, XVIIe siècle.

684 — Carnet de comptes des religieuses Bernardines de Carpentras, Ms XVIIe siècle, in-8 recouvert parch.

685 — Notes sur l'Histoire d'Avignon et celle du Comtat, fort in-4 Ms cart. recouvert d'une toile grise à recouvrement.

686 — 2e centenaire de Nic. Saboly célébré à Monteux le 31 août 1875, broch. in-8 ; Avignon, Seguin, 1875.

, Château de Saumanes, br. in-4, 1883.

Arts et Critique

687 — Ch. DALBON : Les Origines de la Peinture à l'huile, in-8 br. ; Paris ; Perrin, 1904 (Dédicace de l'auteur).

688 — René MENARD : Histoire des Beaux-Arts, 3 vol. in-8 br. ; Paris, Delagrave, 1882.

689 — PETIT DE JULLEVILLE : Les Comédiens en France au moyen-âge, in-8 br. : Paris, Cerf, 1885.

      PETIT DE JULLEVILLE : La Comédie et les Mœurs en France au moyen-âge, in-8 br. ; Paris, Cerf, 1885.

690 — Théoph. GAUTIER : Les Beaux-Arts en Europe, 3 vol. in-8 br. ; Paris, Michel Lévy, 1856.

691 — H. JOUIN : Antoine Coysevox, sa vie, son œuvre, in-8 br. ; Paris, Didier, 1883 (Dédicace de l'auteur).

692 — T.-B. Emeric DAVID : Histoire de la Peinture au moyen âge, 1vol. in-8 br. ; Paris, Charpentier, 1852.

693 — TAINE : Philosophie de l'Art, 2 vol. in-8 br. ; Paris, Hachette, 1895.

694 — A.-F. RIO : De l'Art chrétien, 4 vol. in-8 br. ; Paris, Bray et Retaux, 1874.

695 — JACQUEMART : Les merveilles de la Céramique, 3 vol. in-8 br. ; Paris, Hachette, 1866.

696 — G. TISSANDIER : Les merveilles de la Photographie, 1 vol. in-8 br. ; Paris, Hachette, 1874.

697 — L VIARDOT : Les merveilles de la Sculpture, 1 vol. in-8 br. ; Paris, Hachette, 1869.

698 — MILLIN : Dictionnaire des Beaux-Arts, 3 vol. in-8, reliure amateur, coins ; Paris, Crapelet, 1806.

699 — Vte Henri DELABORDE : La Gravure, 1 vol. in-8, reliure amateur, nombr. fig. ; Paris, A. Quantin, s. d. (1905 environ).

700 — Ambroise - Firmin DIDOT : Essai sur l'histoire de la Gravure sur bois, 2 vol. in-8 rel., texte encadré, pagination par colonne, nombr. gravures ; Paris, Didot, 1863.

701 — Henry HAVARD : La Peinture hollandaise, 1 vol. in-8 br., dos décousu ; Paris, A. Quantin, s. d.

702 — Ch. LEBLANC : Manuel de l'amateur d'estampes, 4 vol. in-8, reliure amateur ; Paris, Bouillon, 1854-1888.

703 — Louis COURAJOD : Leçons professées à l'Ecole du Louvre (1887-1896), 3 vol. in-8 br. ; Paris, Alph. Picard.

704 — Germain BAPST : L'étain, 1 vol. grand in-8, gravures, broché ; Paris, Masson, 1884.

705 — Eugène FOUQUE : Moustiers et ses faïences, brochure de 128 p. in-8, gravures hors texte ; Aix, Remondet, 1889.

706 — Aug. DEMMIN : Encyclopédie des Beaux-Arts plastiques, 3 vol. en deux tomes in-8 reliés ; Paris, Furne.

707 — André MICHEL : Histoire de l'Art, 9 vol. grand in-4, ouvrage
en cours de publication, interrompu par la guerre ; Paris,
Colin.

708 — De LASTEYRIE : L'Architecture religieuse en France, grand
in-8, gravures, très beau papier ; Paris, Alphonse Picard, 1912.

709 — ROUAIX : Dictionnaire des Arts décoratifs, 1 vol. in-4 relié ;
Paris, Librairie illustrée.

710 — Victor FOURNEL : Les Artistes Français contemporains, grand
in-8 relié ; Tours, Mame, 1884.

711 — Ernest BOSC : Dictionnaire de l'Art, de la Curiosité et du
Bibelot, grand in-8 ; Paris, Firmin Didot, 1883.

712 — Charles BLANC : Grammaire des Arts du Dessin, grand in-8
relié, gravures ; Paris, Renouard, 1870.

713 — Paul LACROIX : Les Arts au moyen âge, grand in-4 relié,
tête dorée, tr. ébarbée, gravures en couleur ; Paris, Firmin
Didot, 1874.

714 — Arsène ALEXANDRE : L'Art du Rire et de la Caricature,
grand in-4 relié, tête dorée ; Paris, May et Motteroz.

715 — Roger MILÈS : Comment discerner les styles, 1 fort vol. in-4
relié cartonnage artistique, non rogné ; Paris, Rouveyre.

716 — Germain BAPST : Etudes sur l'Orfèvrerie Française, 1 vol.
in-8 br., gravures ; Paris, Rouam, 1887.

717 — L'abbé BOURRASSÉ : Les plus belles cathédrales de France,
1 vol. in-8 relié, tr. dorées, gravures ; Tours, Mame, 1865.

    Inventaire général des richesses d'art de la France, 6 fasci-
cules in-8 ; Paris, Plon, 1884, 85, 86, 87, 88 et 1889.

718 — Natalis RONDOT : Les Thurneysen, graveurs d'estampes lyonnais au XVIIe siècle, 1 vol. br. in-8, beau papier, gravures.
Dédicace de l'auteur.

719 — Lalyame, Hendricy et Mimerel, sculpteurs et médailleurs de
Lyon, 1 vol. br. in-8, papier de Hollande, reproductions en
noir et en bistre ; Lyon, Mougin-Rusand, 1888.

720 — Artistes et Artisans étrangers ayant travaillé à Lyon, brochure
in-8, 20 p. ; Paris, Quantin, 1883.

    Artistes et Maîtres de métiers à Lyon au XIVe siècle, broch.
in-8, papier de Hollande ; Lyon, Pitrat, 1872.

    L'Art du bois à Lyon, broch. in-8, papier de Hollande ; Paris,
E. Plon et Nourrit, 1889.

    Graveurs sur bois à Lyon au XVIe siècle, 1 vol. in-8 br. ;
papier de Hollande, gravures ; Paris, Rapilly, 1898.

721 — Pierre Eskrich, peintre, étude posthume, 1 vol. in-8 br, papier de Hollande ; Lyon, Mongin-Rusand, 1901.

    Les Sculpteurs de Lyon du XIVe au XVIIIe siècle, brochure
in-8, beau papier ; Lyon, Pitrat, 1884.

722 — Mgr DEHAISNES : L'Art à Amiens vers la fin du moyen âge,
tome VII de la *Revue de l'Art chrétien*, 1 vol. in-4 br, encadrements rouges, beau papier, trois phototypies ; Bruges,
Société de St-Augustin, 1890.

723 — Natalis RONDOT : Les Orfèvres de Troyes du XIIe au XVIIIe siècle, 1 vol. in-8 br., papier de Hollande ; Paris, 1892.

724 — D. GUILMARD : Les Maîtres Ornemanistes, 1 fort vol. in-4 br., et Album de gravures, broché ; Paris, Plon, 1881.

725 — Abbé JOUVE : Du Théâtre au moyen âge, brochure in-8, 20 p. ; Paris, Blériot, 1861.

Abbé POUGNET : Etude sur l'Architecture, plaquette, 20 p. ; Aix, Remondet, 1867.

726 — François CHAUVAT : Table analytique et raisonnée des Sociétés des Beaux-Arts, 2 vol. br. in-8 ; Paris, Plon et Nourrit, 1899.

727 — Giorgio VASARI : Opere, 6 vol. in-12 reliés, portraits gravés au trait ; Florence, Audin et Cie, 1826.

728 — M L... : Dictionnaire portatif des Beaux-Arts, 1 fort vol. in-8 relié veau ; Paris, Vve Estienne, 1752.

729 — Même ouvrage aux armes d'Avignon, même éditeur, 1755.

730 — L'Esprit des Beaux-Arts, t. Ier, in-8 relié ; Paris, Bap. Bauche, 1753.

731 — J.-M. PAPILLON : Traité historique et pratique de la Gravure sur bois, 2 vol. in-8 reliés, planches ; Paris, Guillaume Simon, 1766.

732 — LECOY DE LA MARCHE : Les récents progrès de l'Histoire, 1 vol. in-8 br., gravures ; Lyon, Emm. Vitte, 1893.

733 — Etienne PARROCEL : L'Art dans le Midi, brochure in-8 ; Marseille, Barlatier, 1882.

734 — De CHENNEVIERES-POINTEL : Recherches sur la vie et les ouvrages de quelques peintres provinciaux, 2 vol. in-8 br. ; Paris, Dumoulin, édition originale, 1850.

735 — Th. DECK : La Faïence, 1 vol. in-8 relié ; Paris, Quantin, 1906.

736 — LECOY DE LA MARCHE : L'Académie de France à Rome, 1 vol. in-8 broché ; Paris, Didier, 1874.

737 — Georges LAFENESTRE : Les Primitifs à Bruges et à Paris, 1 vol. in-8 broché, papier de Hollande ; Paris, Rouam, 1904.

738 — Ambroise-Firmin DIDOT : Gravure sur bois, essai typographique et bibliographique, plaquette in-8, front., fine impression, sur deux col. encadrée d'un filet noir ; Paris, Didot, 1863.

739 — Catalogue officiel du Musée Ariana à Genève, brochure illustrée.

Histoire des Beaux-Arts dans les collèges libres, brochure. — Musée céramique de Limoges. — Musée céramique de Munich. — Symbolisme dans la céramique américaine : quatre brochures.

740 — HERBET : Les Emailleurs sur terre (coupures de journaux, études céramiques).

741 — Todten Tans. — Danse des Morts du Musée de Bâle, reproductions d'anciennes peintures.

742 — E. PECAUT : L'Art, 1 vol. p. in-8 br. ; Paris, Larousse, 1900.

743 — Dr L. de SENTEX : La Faïencerie de Samadet, brochure in-8 ; Dax, Labèque, 1903.

744 — L. VITET : L'Académie royale de peinture et de sculpture, 1 vol. in-8 br. ; Paris, Michel Lévy, 1861.

745 — André GOUIRAND : Les Peintres provençaux, 1 vol. in-8 br. ; Paris, Ollendorf, 1901, nombreux portraits.

746 — PARROCEL : Monographie des Parrocel, brochure in-8 ; Marseille, Jph Clapier, 1861.

747 — H. H. H. : Laurens Jean-Jph-Bonaventure, 1 vol. in-8 broché ; Carpentras, Brun, 1899, gravures.

748 — Léon LAGRANGE : Joseph Vernet, 1 vol. in-8 br. ; Paris, Didier, 1864.

749 — CHAMPFLEURY : Histoire de la Caricature antique, 1 vol. in-8 br. ; Paris, Dentu, 1867.

» Histoire de la Caricature sous la République, l'Empire et la Restauration, 1 vol. in-8 br. ; Paris, Dentu, 1867.

750 — Alexandre ASSIER : Les Arts et les Artistes, deux brochures in-8 ; Paris, Aubry, 1876.

» KLEIN KLAUS : Claus Sluter, 1 vol. in-8 br. ; Paris, Librairie de l'Art ancien, nombreuses gravures, beau papier, s. d.

751 — E. de la QUERIERE : Enseignes des maisons (Recherches sur les), 1 vol. in-8 relié ; Paris, Didron, 1852.

752 — Abraham BOSSE : Manière de graver à l'eau-forte et au burin, 1 vol. in-8 relié, figures en taille douce ; Paris, Ant. Jombert, 1741.

753 — BUCHOTTE : Les Règles du Dessin et du Lavis, 1 vol. in-8 relié, nombreuses figures ; Paris, Jombert, 1743.

754 — Réunion des Sociétés des Beaux-Arts des Départements, trente-trois vol. grand in-8 br. ; Paris, Plon.

755 — Henry MARTIN : Les Miniaturistes Français, 1 vol. in-8 br. ; Paris, Leclerc.

756 — Alfred MICHIELS : L'Art Flamand, 1 vol. in-8 br. ; Paris, Renouard, 1877.

757 — Jules RENOUVIER : Histoire de l'Art pendant la Révolution, 2 vol. in-8 brochés ; Paris, Vve J. Renouard, 1863.

» Histoire des progrès de la Gravure, 1 vol. in-8 br. ; Bruxelles, Hayez, 1860.

758 — Edmond MAIGNIEN : Les Artistes Grenoblois, 1 vol. in-8 br. ; Grenoble, Drevet, 1887.

759 — Edouard GARNIER : Histoire de la Céramique, 1 vol. in-8 relié chagrin, tr. dorées, nombreuses gravures dont quatre en couleur ; Tours, Mame, 1882.

760 — Eug. MÜNTZ : Les Archives des Arts, 1 vol. in-8 br. ; Paris, 1890.

761 — Léon LAGRANGE : Pierre Puget, 1 vol. in-8 br. avec deux brochures sur Puget ; Paris, Didier, 1868.

» Les Vernet, 1 vol. in-8 br. ; Bruxelles, Labroue, 1858.

762 — André LEMOISNE : Notes sur l'exposition des Primitifs Français, brochure in-8 ; Paris, 1905.

» Anonyme : Des Maîtres de pierre, brochure in-4.

» Une Passion de 1446, brochure in-4 ; Montpellier, Jean Martel, 1857.

763 — Chanoine DÉHAISNES : Histoire de l'Art dans la Flandre, 3 vol. in-4 br., nombreuses reproductions de miniatures, très beau papier ; Lille, Quarré, 1886.

764 — Georges MUSSET : Les Faïenceries Rochelaises, 1 vol. in-4 br., vingt planches en couleurs ; La Rochelle, 1888.

765 — Henri BOUCHOT : Un ancêtre de la gravure sur bois, 1 vol. in-4 broché ; Paris, 1902.

766 — FIERENS-GEVAERT : Les Primitifs Flamands, 4 vol. in-4 br., papier de Chine, nombreuses gravures ; Bruxelles, Van Oest et Cie, 1908.

767 — Charles NORMAND : Vignole des Architectes, 1 vol. in-4, reliure romantique, 36 planches ; Paris, Normand aîné, 1842.

768 — Soixante-quatre fascicules de la publication *Les Artistes célèbres*, in-8, gravures reproduisant leurs œuvres.

769 — GUEIDON : Jean-Louis Roullet, — Balechou, — Jean-Antoine Constantin : trois biographies dans un vol. in-4 relié ; Marseille, Gueidon, 1860.

770 — Bulletin des travaux de l'Académie d'Aix, 2e semestre 1844 et 1er semestre 1845 sur la culture de la vigne, in-8 brochés ; Aix, 1845.

» Jehan Foucquet, brochure in-4.

771 — Centenaire de la Société des Antiquaires de France.

» L'Artiste ou Histoire de l'Art contemporain, livr. juillet 1890.

772 — Henry JOUIN : Plan d'études de l'Art français, tiré à petit nombre et non mis dans le commerce ; Paris, dans les bureaux de l'*Artiste*, 1892.

773 — Henri BOUCHOT : Les Artistes célèbres : Les Clouet, plaquette in-4, 37 gravures ; Paris, 1892.

» Giuseppe BRES : Questioni d'Arte regionale, in-4 br., deux photos ; Nizza, 1911.

» Jph LEVROT : Fresques de St-Dalmas, in-8, plaquette dédicacée ; Nice, 1910.

» Nice historique, livraisons in-8 de février et de mars 1912.

774 — BELLEUDY : Duplessis, peintre du roi, 1 vol. br. in-4, beau papier, nombreuses gravures ; Chartres, 1913.

775 — Marquet de VASSELOT : Histoire du Portrait en France, 1 vol. in-8 br., un des 400 exempl. sur papier raisin teinté, n° 350, non coupé ; Paris, Rouquette, 1880.

776 — Edouard GARNIER : Dictionnaire de la Céramique, 1 vol. in-8 br. (un peu décousu), planches en couleurs ; Paris, Librairie de l'Art, 1890.

777 — Thomas BENSA : La Peinture en basse Provence, 1 vol. in-4 br., papier teinté ; Nice, 1908.

778 — Les Faïences Lyonnaises au XVIIIe siècle, plaquette in-4 ; Paris, Quantin, 1881.

779 — Henri BOUCHOT : I Primitivi Francesi, plaquette in-4 ; Rome.

» Comte Paul DURRIEU : La Peinture à l'exposition des Primitifs Français, 1 vol. in-4 br., beau papier, nombreuses gravures ; Paris, 1904.

780 — L'Art Flamand et Hollandais, numéro du 15 août 1904, in-4 br., nombreuses gravures, beau papier.

781 — A la mémoire de Jean Gutemberg, publication de grand luxe sur papier de Rives, nombreuses reproductions ; Paris, Imprimerie Nationale, 1900.

782 — Louis GONSE : La Sculpture Française, 1 vol. grand in-4, reliure blanche et dorée ; papier velin, tête dorée, nombreuses gravures ; Paris, Quantin, 1895.

783 — Comte de MAS-LATRIE : Trésor de Chronologie, 1 vol. in-fol. relié ; Paris, Victor Palmé, 1889.

784 — G. DURAND : Monographie de l'église N.-D. cathédrale d'Amiens, 2 vol. in-4 en feuilles ; Amiens, Yvert et Tellier, 1901 ; renfermée dans deux cartables.

785 — La Picardie historique et monumentale, 3 vol. in-4 dans un cartable ; Amiens, Yvert et Tellier, 1905.

786 — Henry HAVARD : Histoire de l'Orfèvrerie Française, 1 vol. in-4 cart., beau papier, nombreuses gravures ; Paris, May et Motteroz, 1896.

787 — ARMENGAUD : Les Galeries de l'Europe : Rome, 1 vol. in-4, magnifique reliure aux attributs pontificaux, tr. dorées ; Paris, Lahure, 1859.

788 — Paul VITRY et Gaston BRIERE : Documents de Sculpture Française, 1 vol. in-4 dans un carton, contenant 940 documents ; Paris, s. d.

789 — De SALVERT-BELLENAVE : Dix eaux-fortes, texte par B. de la Pinelais ; Paris, Baschet, carton in-4.

790 — F. de MELY : Le Retable de Boulbon, in-4 ; Paris, Leroux, 1906.

   » ROSTAN : La Chape de St-Louis, évêque de Toulouse, gravures au trait, in-4 ; Chalon-sur-Saône, Dejussieu, 1855.

791 — ROSTAN : Le Retable du Crucifix, in-4, nombreuses héliogravures ; Paris, Plon, 1886.

   » Loo-Ten-Hulle (Belgique), texte allemand, plaquette in-4, deux gravures.

   » Plaquette en allemand, in-4, gravures.

   » Exposition des Primitifs Français (compte rendu), brochure in-4, nombreuses gravures.

792 — Giuseppe BRES : L'Arte nella estrema Liguria occidentale. Notizie inedite, in-4 ; magnifiques papier et grav. ; Nice, 1914.

   » Deux numéros de la revue *Les Arts*.

   » L'Art pour tous.

   » Paul VITRY : Musées et monuments.

793 — P.-L. JACOB : Curiosités de l'Histoire des Arts, 1 vol. in-8 br. ; Paris, Delahaye, 1858.

794 — Curiosités du vieux Paris, 1 vol. in-8 br. ; Paris, Delahaye, 1858.

795 — Curiosités théâtrales, 1 vol. in-8 br. ; Paris, Delahaye, 1858.

796 — Ph. de CHENNEVIERES et A. de MONTAIGLON : Archives de l'Art Français, 6 vol. in-8 br. ; Paris, Dumoulin, 1851 ; plus 6 vol. de Documents.

797 — Nouvelles Archives de l'Art Français, 13 vol. in-8 br. ; Paris, Baur, années 1872 et suivantes.

798 — BAUCHAL : Nouveau Dictionnaire des Architectes Français, 1 vol. grand in-8 br. ; Paris, André Daly, 1887.

799 — A. BERARD : Dictionnaire biographique des Artistes Français, 1 vol. in-8 br. ; Paris, J.-B. Demoulin, 1872.

800 — L'abbé Paul BRUNE : Dictionnaire des Artistes et Ouvriers d'art de la France, 1 vol. in-4 br., papier de luxe, tiré à 800 exempl. ; Paris, 1912.

801 — L'abbé C. CHEVALIER : Lettres et devis de Philibert Delorme, 1 vol. in-8 br., papier de Hollande teinté ; vue du château de Chenonceaux ; Paris, Techner, 1864.

802 — Mgr DEHAISNES : La Vie et l'Œuvre de Jean Bellegambe, 1 vol. in-8 broché, héliogravures ; Lille, Quarré, 1890.

803 — E.-L.-G. CHARVET : Jean Perréal, Clément Trie et Edouard Grand, 1 vol. in-8 br., gravures ; Lyon, Clairon-Mondet, 1874.

804 — Charles GINOUX : Peintres, Sculpteurs, Architectes nés à Toulon, 1 vol. in-8 br. ; Paris, Charavay, 1895.

805 — CHARVET : Etienne Martellange, architecte, 1 vol. in-8 br. ; Genève, H. Georg, 1874.

» Les de Royer de la Valfenière, 1 vol. in-8 br. ; Lyon, Clairon-Mondet, 1874.

806 — BERTOLOTTI : Artisti Francesi, 1 vol. in-8 br. ; Mantova, 1886.

807 — L. DUSSIEUX : Les Artistes Français à l'étranger, 1 vol. in-8 br. ; Paris, J. Lecoffre, 1876.

808 — L. ROSTAN : Monographie de l'église St-Maximin (Var), plaquette in-4 ; Paris, Plon, s. d.

» Louis COURAJOD : Le Buste de Mignard au Louvre, brochure in-4.

» Ecole Française de Rome, Mélanges d'Archéologie et d'Histoire, 3 fascicules, mars, avril, juillet 1886, planches ; Paris, Thorin.

809 — Paul LACROIX : Annuaire des Artistes et des Amateurs, années 1860, 1861 et 1862, 3 vol. in-8 br.

810 — C. ENLART : Eugène Müntz, brochure in-8.

» Paul LACROIX : Histoire de l'Orfèvrerie, Joaillerie, 1 vol. in-8, br., gravures de Raimet dont plusieurs en couleurs ; Paris, 1850, nombreux blasons en noir et en couleur (mouillures).

811 — Léon de la BORDE : Histoire de la Gravure en manière noire, 1 vol. gr. in-8 br., 13 planches ; Paris, Techner, 1839 (ouvrage très rare).

812 — Louis AUVRAY : Dictionnaire général des Artistes de l'Ecole Française, 2 forts vol. in-8 et un de supplément, brochés ; Paris, Renouard, 1882.

813 — Henry JOUIN : Musée des portraits d'artistes, 1 vol. in-8 br. ; Paris, Renouard, 1888.

814 — Léon PALUSTRE : La Renaissance en France, 3 vol. grand in-fol. reliés, beau papier, belle impression, grandes marges, gravures de Gaujean, Sadoux Lancelot ; Paris, Quantin, 1879.

815 — Jean GUIFFREY et Pierre MARCEL : La Peinture Française :
Les Primitifs, 1 vol. in-fol. cart., grand et beau papier, ma-
gnif. gravures ; Paris, Maison Marcel.

816 — L'Art, numéro du 16 juillet 1890.

» Il Duomo di Milano, 1 vol. gr. in-fol. relié, 68 grandes planches au trait et hors texte ; Milan, Pietro Vallardi.

817 — *Anonyme :* Livre d'Architecture, reliure moderne, sans frontispice, gravures et planches de Franque et le Canu.

818 — Henri VIAL, Adrien MARCEL et André GIRODIE : Les Artistes décorateurs du bois, tome I, in-4 br., papier de luxe,
tiré à 600 exempl. ; Paris, 1910.

819 — F. MAZEROLLE : Les Médailleurs Français, 2 vol. et un album in-4 cartonnés ; Paris, Imprimerie Nationale, 1902.

820 — J. GUIFFREY et P. MARCEL : Inventaire général des dessins
du Musée du Louvre et du Musée de Versailles, 2 vol. in-4,
plus de mille illustrations, papier de luxe ; Paris, Maison Morel, 1907.

821 — Les Artistes célèbres : Phidias, 8 livraisons. — Donatello,
5 livraisons. — Palissy, 4 livraisons. — Callot, 5 livraisons.
— Rembrandt, 8 livraisons. — Edelinck, 6 livr. — F. Bou-
cher, 9 livr. — Decamps, 6 livr. — Jean Lamours, 2 livr. —
Fortuny, 3 livr. — Henri Regnault, 7 livr. ; in-8, ouvrages
publiés sous la direction de Eug. Müntz ; Paris, Rouam.

822 — Revue de l'Art français ancien et moderne, 14 années complètes
en livraisons in-8, plus 14 livraisons dépareillées ; Paris,
Charavay.

823 — Anatole de MONTAIGLON : Correspondance des Directeurs
de l'Académie de France à Rome, 4 vol. in-8 br. ; Paris,
Charavay, 1888.

824 — G PEIGNOT : Recherches sur les danses des Morts, 1 vol.
in-8 br. ; Dijon, Lagier, 1826.

825 — Et. PARROCEL : Annales de la peinture, 1 vol. in-8 br. ; Paris, Albessard, 1862.

826 — Honoré GIBERT : J.-P. Chastel, sculpteur provençal, 1 vol.
in-12 br. ; Aix, Makaire, 1873.

827 — RENART : Répertoire général des Collectionneurs, 1 vol. in-
12 relié ; Paris, Vve Melet, 1901.

828 — Georges DUPLESSIS : Dictionnaire des Marques et Monogram-
mes des graveurs, 3 vol. in-8 br., papier vergé ; Paris, Jules
Rouam, 1886.

829 — Emile MOLINIER : Dictionnaire des Emailleurs, 1 vol. in-8
br., papier vergé ; Paris, J. Rouam, 1886.

830 — Jules CHARLES-ROUX : Souvenirs du passé, Histoire du Cercle Artistique de Marseille, 1 fort vol. gr. in-4 tiré à 1.200
exempl., papier véli., eaux-fortes, gravures en couleurs ; Paris, Lemerre, 1906.

831 — Jules COMTE : La Revue de l'Art ancien et moderne, 7 fascicules in-4, papier velin, héliogravures, fascicules 83, 84, 85,
87, 88, 89 et 90 ; Paris, 1904.

832 — R. PFNOR : Portefeuille des Arts industriels, deux cartons de reproductions d'ornements, in-4 ; Paris, Alf. Cerf.

833 — Victor CALLIAT : Encyclopédie d'Architecture, journal mensuel, deux années, 1er novembre 1850 au 1er octobre 1851, et 1er novembre 1851 au 1er octobre 1852, in-4 ; Paris, Bance.

834 — L'abbé ARNAUD D'AGNEL : Le Meuble, 3 vol. in-4 reliés dont un de gravures, papier velin teinté, tiré à 650 exempl., n° 494 ; Paris, Lucien Laveur, 1913.

835 — Henry HAVARD : La France artistique et monumentale, 6 beaux vol. in-4, reliure amateur, nombreuses gravures.

836 — Philibert DELORME : Le Livre d'architecture, 1 fort vol. infol., reliure moderne (le frontispice et les trois premiers feuillets manquent), s. l. n. d., nombreuses figures sur bois, dans le texte et hors texte.

837 — Le R. P. Ch. PLUMIER, Minime : L'Art de tourner sur bois, ivoire, fer, etc, 1 vol. in-fol., relié, nombreuses figures ; Lyon, Jean Certe, 1701.

838 — Jules RENOUVIER : Les Gravures sur bois dans les livres de Simon Vostre, libraire d'Heures, plaquette sur papier teinté, in-8, 24 p. ; Paris, Aubry, 1862.

839 — Natalis RONDOT : Les Graveurs sur bois et les Imprimeurs à Lyon, 1 vol. in-4 br., papier velin teinté ; Lyon, Mougin-Rusand, 1896.

840 — VIOLLET-LE-DUC : Dictionnaire de l'Architecture, 10 vol. in-8 reliés, nombreuses gravures dans le texte, édition originale ; Paris, Bance, 1854.

841 — VIOLLET-LE-DUC : Dictionnaire raisonné du Mobilier Français, 6 vol. in-8 reliés, nombreuses gravures en noir et en couleur, 2e édition ; Paris, A. Morel, 1868.

842 — Robert REBOUL : Les cartons d'un ancien bibliothécaire de la Ville de Marseille, brochure in-8 très rare, s. l. n. d.

843 — Ernest VINET : Bibliographie méthodique des Beaux-Arts, 1re livraison in-8 ; Paris, Firmin-Didot, 1874.

844 — Henri-René d'ALLEMAGNE : Les Jouets à la World's fair en 1904, 1 vol. in-4, reliure amateur, tête dorée, papier velin, grandes marges ; Paris, 1908.

845 — La Serrurerie ancienne, 1 vol. in-4, reliure amateur, coins, tête dorée, papier velin grandes marges, gravures en noir et en couleur ; St-Cloud, Belin, 1902.

846 — Henry HAVARD : Dictionnaire de l'Ameublement, 4 forts vol. in-4 br., couverture carton illustrée, papier velin, nombreuses gravures dans le texte et hors texte ; Paris, Maison Quantin, s. d.

847 — L'Art dans la maison, 1 vol. in-4 relié, non rogné, tête dorée, reliure amateur, papier velin, nombreuses gravures hors texte en couleur ; Paris, Rouveyre et Blond, 1884.

848 — Jules LABARTE : Histoire des Arts industriels, 3 vol. in-4 brochés, nombreuses gravures en couleur ; Paris, Morel, 1881.

849 — Spire BLONDEL : L'Art intime et le Goût en France, 1 vol. in-4 br., papier vergé, tiré à 125 exempl. sur papier de luxe,

n° 47, nombreuses grav. en couleurs ; Paris, Rouveyre et Bloud, 1884.

850 — Wilhelm ROLFS : François Laurana, 1 vol. de texte allemand in-4 dans un étui carton et un album de 82 planches, reproduisant les œuvres de ce maître sculpteur et peintre dans un magnifique emboîtage ; Berlin, Rich. Bong, s. d.

851 — Henri d'ALLEMAGNE : Récréations et Passe-temps, 1 vol. in-4, reliure carton illustrée en couleur, non rogné, tête dorée, papier de luxe (exempl. imprimé spécialement pour M. le chanoine Requin) ; Paris, Hachette.

852 — Sports et Jeux d'adresse, mêmes indications que pour l'ouvrage précédent.

853 — Henri d'ALLEMAGNE : Histoire des Jouets, 1 vol. in-4, reliure carton illustrée en couleur, non rogné, tête dorée, papier de luxe, exemplaire imprimé spécialement pour M. le chanoine Requin ; Paris, Hachette.

854 — Les Cartes à Jouer, 2 vol. in-4 br., nombreuses gravures en couleur ; Paris, Hachette, s. d.

855 — Catalogue illustré des Primitifs Français exposés d'avril à juillet 1904.

856 — Instructions du Comité historique des Arts et Monuments, 2 vol. in-4 br. ; Paris, Imprimerie Impériale, 1857.

857 — LECOY DE LA MARCHE : L'Académie de France à Rome, 1 vol. in-8 relié chag. r., tr. dorées ; Paris, Didier, 1878.

858 — Mémoires pour l'Histoire des Sciences et des Beaux-Arts : avril 1708, septembre 1711 et janvier 1712, 3 vol. in-8 reliés ; Trévoux et Paris, Ganeau, 1708, 1711 et 1712.

859 — Bulletin du Comité de la Langue, de l'Histoire et des Arts de la France, 3 forts vol. in-8 brochés ; Paris, Imprimerie Impériale, 1856.

860 — L.-H. LABANDE : Jules Laurens, 1 vol. in-4 br., papier de Chine, illustré d'après les dessins de l'artiste ; Paris, Honoré Champion, 1915.

861 — *Anonyme :* Nicolas Froment, peintre avignonais, plaq. reliée.
    » Etienne PARROCEL : L'Art dans le Midi, 1 vol. in-8 br. ; Marseille, Barlatier, 1882.

862 — Le Petit Thalamus de Montpellier, 1 vol. in-4 br.., 1841.

863 — Aug. RICHE : L'Art chrétien, brochure non coupée, 88 p. in-12 ; Paris, Poussielgue, 1878.
    » Dix numéros de *l'Art ancien et moderne* des années 1907 et 1908.

863 bis Théod. BULEAU et Juste POPP : Les trois âges de l'Architecture gothique, 1 vol. grand in-fol. relié et orné de grandes et belles gravures ; Paris, Bance, 1841.

863 ter Louis de FARCY : La Broderie du XIe siècle jusqu'à nos jours, 1 vol. grand in-fol. reliure amateur, papier de luxe, nombreuses reproductions en phototypie ; Angers, Belhomme, 1890.

Littérature

864 — Alfred de MUSSET : Œuvres, 5 vol. petit in-8 br. ; Paris, L. Lemerre, 1876.

865 — Louis MOLAND : Rabelais, 1 vol. fort in-8 ; Paris, Garnier, 1880.

866 — Bibliophile JACOB : Œuvres de Rabelais, in-8, reliure romantique ; Paris, Charpentier, 1852.

867 — Albert BABEAU : Les Voyageurs en France, in-8 br. ; Paris, F. Didot, 1885.

868 — Ch. LABITTE : Satyre Ménippée, 1 volume in-8 br. ; Paris, Charpentier, 1860.

869 — C. LENIENT : La Satire en France au moyen âge, 1 vol. in-8 br. ; Paris, Hachette, 1883.

870 — Théoph. GAUTIER : Voyage en Italie, in-8 br., dos décousu ; Paris, Charpentier, 1876.

871 — Léon CLÉDAT : Grammaire élémentaire de la vieille langue française, in-8 br. ; Paris, Garnier, 1860.

872 — Albert BABEAU : Les Bourgeois d'autrefois, 1 vol. in-8 br. ; Paris, Didot, 1886.

» Albert BABEAU : Les Artisans et les Domestiques d'autrefois, 1 vol. in-8 br. ; Paris, Didot, 1886.

873 — MERIMEE : Notes d'un voyage en Auvergne, 1 vol. in-8 br. romant. ; Paris, Fournier, 1838.

874 — FLORIAN : Estelle, roman pastoral, tome II, broché in-12 ; Avignon, Guichard, 1811.

875 — Prosper MERIMEE : Notes d'un voyage dans le Midi de la France, 1 vol. in-8 relié ; Paris, Fournier, 1835.

876 — *Du même :* Autre exempl. broché, couverture conservée, in-8 ; Paris, Fournier, 1835.

877 — L'abbé DUFOUR : Le Tribut académique en vers et en prose, petit in-4 rel. mar. r., tr. d., dent. sur les plats, texte encadré, superbe impression, grandes marges ; Avignon, J. Jouve, 1760.

878 — Joannis SANGENESII : Poemata, in-4 relié mar. rouge, tr. dorées, filets, gravures de J. Picart, bel exempl. ; Paris, Augustin Courbe, 1654.

879 — DANTE ALIGHIERI : L'Enfer, Le Purgatoire, Le Paradis, 3 vol. petit in-12 reliés veau, filets, tr. dorées ; Paris, C. A. F. Jacob, 1787.

880 — Augustin LEGRAND : Emma ou la Petite Fille, broch. de 20 pages, cartonnage vert, dans un étui ; Paris, Aug. Legrand, 1823.

881 — TORQUATO TASSO : La Jérusalem délivrée, suite de 40 gravures de Gravelot pour illustrer le texte, format in-8 ; Paris, Bossange, 1792.

882 — MONTAIGNE : Essais, 2 vol. in-8 reliés veau, dos orné, tr. r. ; Lyon, Gabriel Lagrange, libraire d'Avignon, 1593.

883 — *Un officier réformé :* A Monsieur Dominique Audibert, membre de l'Académie de Marseille, brochure in-16, s. l. n. d.

883 bis DORAT : Mes fantaisies, 1' vol. in-8 br., couverture rouge, superbes frontispice et culs-de-lampe de Eisen ; Paris, Delalain, 1770.

874 — Pierre CHARRON : De la Sagesse, en trois livres, 1 vol. in-12 relié veau, tr. dorées ; Leyde, chez Jean Elzevier, s. d.

875 — *Anonyme :* Recueil général des Opéras, t. V, 1 vol. relié veau, armoiries sur les plats ; Paris, Christophe Ballard, 1703.

876 — Monsieur L. F. : (Deuxième partie des œuvres diverses de) : Voyage de Languedoc et de Provence, petit in-4 relié veau, gravures ; Paris. Chaubert, 1750.

877 — La Satire Ménippée, 1 vol. in-12 relié veau ; Ratisbonne, Mathias Kerner, 1664.

878 — LEONE, medico hebreo : Dialoghi di amore, 1 vol. in-8 relié parchemin ; Venise, chez les Alde fils, 1552.

879 — LE SAGE : Le Diable boîteux, 1 vol. in-8 relié bas, 2e édition ; Paris, Barbin, 1707, frontispice.

880 — Casimir DELAVIGNE : Les Vêpres Siciliennes, brochure in-8, édition originale ; Paris, Barba, 1819.

881 — CORNEILLE : Sophonisbe, tragédie, 1 vol. in-12 relié parchemin, 80 pages, édition originale ; Paris, Guillaume de Luyne, 1663.

882 — Adèle SOUCHIER : Branches de lilas offertes à mon pays, 1 vol. in-12 br. ; Paris, librairie des Bibliophiles Jouaust, 1874.

883 — J.-M. GARRIGAN : Recueil de poésies sur la prise du fort St-Philippe, suivi d'une épître de Racine à M. de Valincour, et du Fléau aquatique, poème sur l'inondation de 1755, 1 vol. in-4 relié veau ; Avignon, Garrigan, 1782.

884 — RR. PP. S. J. : Recueil de poésies sur la naissance de Mgr le Duc de Bourgogne, 1 vol. petit in-4 relié, jolie impression ; Avignon, Garrigan, 1741.

885 — M. de CHEVRIER : Le Colporteur, histoire morale et critique, 1 vol. in-8 relié mar. rouge, dent. int. et sur les plats, tr. dorées ; Londres, Jean Nourse, l'an de la Vérité (XVIIIe s.).

886 — John NICKOLLS : Avantages et désavantages de la France et de la Grande-Bretagne, 1 vol. in-12 relié mar. rouge, filets et fleurons sur les plats, très belle impression ; Leyde, 1754.

887 — *Un ancien régent de Rhétorique :* Le Dieu des Vents, 1 vol. in-12 br. ; La Haye, 1776.

888 — Alain CHARTIER : Rondeaux et Ballades d'après un ms. de la Biblioth. Méjanes, petit vol. de 16 p., impression gothique, reliure amateur ; Caen, Félix Poisson, 1846.

889 — Natalis de BEDE : Apologie pour les fils et neveux de la Bienheureuse Anne pour le Collège de Montaigu, 1 vol. in-8 imprimé en 1519, front., titres gothiques, belle impression, reliure mar. vert olive.

890 — P. VIRGILII MARONIS Opera omnia, 1 fort volume in-4, relié veau, armoiries sur les plats, imprimé en lettres rondes ; Paris, Jean Macé, 1539.

891 — MASCARON : Harangues prononcées au Parlement de Provence, 1 vol. relié parchemin, grand in-4, gros caractères ; Paris, Aug. Courbe.

892 — Emile PICOT : Discours prononcé ; Evreux, Hérissey, 1911.

893 — Paul MARIVET : En Avignon, 1 vol. in-4, beau papier ; Paris, Lemerre, 1900.

894 — Ant. BERTOLOTTI : Prigioni e Prigionieri in Mantova, 1 vol. in-8 br. ; Rome, 1890.

895 — Marquis de JESSÉ-CHARLEVAL : Elie, poeme en 10 chants, 1 vol. in-8 br. ; Aix, Mourret, 1815.

896 — Abbé FAURY : Saboly, Etude littéraire, historique, 1 vol. in-8 br. ; Avignon, Aubanel frères, 1876.

897 — Prosper MERIMEE : Une correspondance inédite, 1 vol. in-8 br. ; Paris, Calmann Lévy, 1891.

898 — MOUAN : Aperçus littéraires sur César Nostradamus, brochure in-8 ; Aix, Illy, 1873.

899 — Alfred SAUREL : Les petits Jeux Floraux, 1 vol. in-8 br. ; Marseille, Bérard, 1886.

900 — Renati RAPINI, S. J. Carminum : Eglogues sacrées, 1 vol. in-12, beau frontisp., jolie impression ; Paris, Bouillerot, 1690.

901 — Petit de JULLEVILLE : Les Mystères, 2 vol. in-8 br. ; Paris, Hachette, 1880.

902 — Almanach des Muses, 15 vol. reliés veau in-12, triple filet sur les plats, dos orné, tr. dorées, frontispices, années 1765 à 1780 inclus, plus l'année 1786 brochée.

903 — Etienne DEVILLE : Index du Mercure de France, 1 vol. in-4 br., papier de Hollande, tiré à 350 exempl. ; Paris, Jean Schemit, 1910.

904 — Anatole de MONTAIGLON : Recueil de poésies françaises des XVe et XVIe siècles, 13 vol. p. in-8 reliés percaline rouge, biblioth. Elzévir ; Paris, Paul Janet, 1855.

905 — FURETIERE : Le Roman bourgeois, 1 vol. relié petit in-8 ; Paris, Jannet, 1854.

906 — L. STERN : Œuvres, traduction Fresnais, t. 3, 4, 5 et 6, manquent t. 1 et 2 ; 4 vol. reliés in-12 ; Paris, Libraires associés, 1797.

907 — GESSNER : Œuvres, traduction Huber, 3 vol. in-12 cart., dos orné ; Avignon, Niel, 1793.

908 — MENAGE : Menagiana, Recueil de bons mots de Ménage, 1 vol. in-12 relié parchemin, front. ; Paris, Pierre Delaulne, 1695.

909 — D. Jun. Juvenalis et Aulii Persii Flaccii Satyres, 1 vol. in-12 relié, front., édition Elzévirienne ; Amsterdam, 1650.

910 — Frédéric DONNADIEU : Les Précurseurs des Félibres, 1 fort vol. in-8 br., illustré d'eaux-fortes de Maurou, tiré à 500 exempl., no 471.

911 — Paul BORY : Les Mémoires d'un Romain, 1 fort vol. in-8 broché, couverture illustrée, papier vélin ; Tours, Mame, 1890.

912 — QUERARD : La France littéraire, 10 vol. in-8 reliés ; Paris, Firmin Didot, 1827.

913 — BOURQUELOT : La Littérature française contemporaine, 6 vol. in-8 reliés ; Paris, Daguin frères, 1842.

914 — DU CANGE : Glossarium mediæ et infimæ Latinitatis, 7 vol. in-4 reliés ; Paris, Firmin Didot, 1840.

915 — J.-M. QUÉRARD : Les Supercheries littéraires dévoilées, 6 vol. in-8 brochés ; Paris, Paul Daffis, 1869.

916 — Ant.-Alex. BARBIER : Dictionnaire des ouvrages anonymes, 8 vol. in-8 en 4 tomes brochés ; Paris, Daffis, 1872.

917 — A. JAL : Dictionnaire critique de Biographie et d'Histoire, 1 fort vol. in-8 br. ; Paris, Henri Plon, 1872.

918 — MADDEN : Lettres d'un bibliographe, 7 vol. in-8, reliure chagr., coins, filets, nombreux fac-simile ; Versailles, Aubert, 1873.

917 — P.-L. JACOB : Recherches sur les livres rares et curieux, 1 vol. in-8 br. ; papier vergé, tiré à 600 exempl. ; Paris, Rouveyre, 1880.

920 — Frédéric MISTRAL : Trésor du Félibrige, 2 vol. grand in-4 reliés ; Aix, Veuve Remondet, s. d.

921 — Henri MACQUERON : Bibliographie du Département de la Somme, 1 vol. in-4 br., t. I ; Amiens, Yvert et Tellier, 1904.

922 — A. JAL : Dictionnaire critique de Bibliographie et d'Histoire, 1 fort vol. in-8 relié ; Paris, Plon, 1867.

923 — Emile CHASLES : Histoire nationale de la Littérature Française, 1 vol. in-8 br. ; Paris, Ducrocq, 1870.

924 — Emile EGGER : Mémoires de Littérature ancienne, 1 vol. in-8 br. ; Paris, Aug. Durand, 1862.

925 — LA BRUYERE : Caractères ou Mœurs de ce siècle, 1 vol. in-8 relié ; Paris, Lefèvre, 1843.

926 — Ch. NISARD : Histoire des livres populaires, 2 vol. in-12 reliés ; Paris, Amyot, 1854.

927 — G. PEIGNOT : Essai sur la Liberté d'écrire, 1 vol. in-8 relié, couverture conservée ; Paris, Crapelet, 1832.

928 — P. de FAUCHER : Les Souvenirs de l'aïeul, poésies ; 1 vol. in-12 br., portraits ; Carpentras, Seguin, 1901.

929 — Paul COTTIN : Un protégé de Bachaumont, 1 vol. in-12 br., portraits ; Paris, 1887.

930 — Napoléon LANDAIS : Lettres à Amélie sur le mariage, 1 vol. in-8 relié ; Paris, 1845.

931 — Placide CAPPEAU : Le château de Roquemaure, poëme, 1 vol. in-12 br, t. I ; Paris, Jouaust, 1876.

932 — François REMOND, S. J. : Epigrammes, Elégies et Discours, 1 vol. p. in-8, relié parch. ; Lyon, Jean Pillehotte, 1605.

933 — AELIEN : Histoires variées, texte grec et traduction latine en regard, 1 vol. p. in-8 relié parch. ; Grenoble, 1630.

934 — Antiquitatum variarum auctores, 1 vol. p. in-8 relié, dos orné ; Lyon, Sébastien Gryphe, 1542.

935 — De FORTIA D'URBAN : Essai sur l'immortalité de l'âme, 1 vol. in-8 br. ; Paris, Fournier, 1835, exemplaire relié.

, Même ouvrage que le précédent.

936 — Gabriel SIMEONI : La Vie et les Métamorphoses d'Ovide,
1 vol. p. in-4, couvert. parch., nombreuses figures sur bois,
manquent 4 feuillets, mouillures ; Lyon, Jean de Tournes, 1559.

937 — Arsène HOUSSAYE : Histoire du 41e fauteuil de l'Académie
Française, 1 vol. in-8 relié ; Partis, Victor Lecou, 1855.

938 — Arthur DINAUX : Les sociétés badines, bachiques, littéraires
et chantantes, 2 vol. reliure amateur, coins, filets, portrait de l'auteur, eau-forte ; Paris, Bachelin, 1867.

939 — Robert REBOUL : Anonymes, Pseudonymes et Supercheries
littéraires de la Provence, 1 vol. in-8 relié ; Marseille Lebon,
1878.

940 — Adrien PELADAN : La France littéraire, artistique, scientifique, 2e année de ce journal reliée en 1 vol. in-4, année 1857-
58 complète.

941 — BESCHERELLE aîné : Collection de divers petits traités ins-
tructifs et amusants, 1 vol. in-4 relié contenant 19 pièces
dont 7 ouvrages de Victor Hugo, nombreuses illustrations ;
Paris, 1860 environ.

942 — BALZAC, G. SAND, Ch. NODIER, etc. : Etudes de mœurs
contemporaines, illustrées par Granville, 1 vol. in-4 br., nombreuses illustrations ; Paris, Marescq, 1853.

943 — François AUBRY d'Avignon : Œuvres, 1 vol. in-12 relié chagr.
r., frontispice gravé ; Nimes, Gaude fils, 1818.

944 — François VERNET : Deuxième lettre apologétique à son frère,
1 vol. in-12 relié ; Avignon, Girard, 1741.

»   Troisième lettre apologétique, 1741.

945 — Autre exemplaire du précédent ouvrage.

946 — TORQUATO TASSO : La Gerusalemme Liberata (texte italien),
2 vol. in-12 reliés ; Avignon, Chambeau, 1764.

947 — Francisci PETRARCHAE : De remediis utriusque Fortunæ, 1
vol. in-12 relié, filets, front. ; Rotterdam, Arnold Leers, 1649.

948 — DUPATY : Lettres sur l'Italie, 1 vol. in-12 relié, fig., ; Avignon,
Albert Joly, 1811.

949 — J.-B. de M... : La Destinée d'une jolie femme, poème, brochure
in-8, gravures ; Paris, Mongie, 1803.

950 — Alexandre WEILL : Un tout petit trésor d'esprit, p. in-8, papier vergé, tiré à 300 exempl., no 28 ; Paris, Dentu, 1881.

951 — Edouard ALLETZ : Esquisses poétiques, 1 vol. in-12 br. ;
Paris, Denaix, 1841.

952 — LAMENNAIS : Le Livre du peuple, 1 vol. p. in-8 br. ; Paris,
Pagnerre, 1838 (édition originale).

953 — Anonyme : La Henriade travestie, 1 vol. p. in-12 br. ; Amsterdam, Staatmann, 1788.

954 — Mme de C... : Lettres historiques et galantes, 6 vol. in-8 reliés,
front., plan et blason ; Cologne, Pierre Marteau, 1713.

955 — Jules JANIN : Le Livre, 1 vol. in-8 br. ; Paris, Henri Plon, 1870.

956 — Ch. ASSELINEAU : Mélanges curieux et anecdotiques tirés
d'une collection d'autographes, 1 vol. in-8 br. ; Paris, Techner, 1861.

957 — Alexis MONTEIL : Traité des matériaux manuscrits, 2 vol. in-8 reliés ; Paris, Duverger, 1835.

958 — Louis DIMIER : Veuillot, 1 vol. in-8 br. ; Paris, Librairie Nationale, 1906..

959 — GYP : Bob à l'Exposition, dessins de Bob, 1 vol. in-4 br. ; Paris, Calmann-Lévy, 1889.

960 — Ch. DICKENS : Le Neveu de ma Tante, 2 vol. in-8 reliés ; Paris, Michel Lévy, 1857, édition originale.

961 — Mme de SÉVIGNÉ : Lettres, 5 vol. in-8 reliés ; Paris, Firmin-Didot, 1867 (il manque le premier volume).

962 — TASSONI : Le Seau enlevé, 1 vol. p. in-8 relié, grav. ; Paris, P. Didot l'aîné, an VIII.

963 — PIGAULT-LEBRUN : Voyage dans le Midi de la France, 1 vol. in-8 br. ; Paris, Barba, 1827.

964 — Alphonse KARR : Le Livre des cent vérités, brochure in-8 cart. ; Paris, chez l'auteur, 1818.

965 — Gabriel PEIGNOT : Essai analytique sur l'origine de la langue française, 1 vol. in-8 relié ; Dijon, Lagier, 1835.

966 — TIMON : Le Livre des Orateurs, 1 vol. in-4 relié chagr. vert, 12 portraits sur acier ; Paris, Pagnerre, 1842 (rousseurs).

967 — MANZONI : I Promessi Sposi, 1 vol. in-8 br., portrait ; Paris, Baudry, s. d.

968 — DANTE : La Divina Commedia, 1 vol. in-8 br. ; Firenze, Barbera, 1873.

969 — Henry HOUSSAYE : 1814-1815, 2 vol. in-8 br. ; Paris, Perrin, 1900.

970 — Victor HUGO : Théâtre, 3 vol. in-8 br. ; Paris, Hachette, 1863.

971 — Edouard DRUMONT : La France Juive, t. Ier, in-8 br. ; Paris, Flammarion, 1890.

972 — Mme Augustus CRAVEN : Récit d'une Sœur, 2 vol. in-8 brochés ; Paris, Didier et Cie, 1878.

973 — Henri de la MADELEINE : Silex, 1 vol. in-8 br. ; Paris, Charpentier, 1875.

974 — LAMARTINE : Nouvelles Confidences, 1 vol. in-8 br. ; Paris, L. Hachette, 1863 (rousseurs).

975 — DARCHET : Anagrammeana, poême, petit in-12 br., tiré à 200 exempl., papier vergé ; Anagrammatopolis, l'an XIV de l'ère anagrammatique, 1867.

976 — M.-P. GAGNE : Le Suicide, poême, brochure in-12 ; Paris, Ledoyen, 1841.

977 — Jacques VINSOBRES : Rimes cavalières, 1 vol. p. in-12 br. ; Paris, Galérie de l'Odéon, 1884.

978 — FLORIAN : Estelle, pastorale, t. I in-12 br. ; Avignon, Guichard, 1811.

979 — ESPANET : Le Miroir de ma nièce, 1 vol. p. in-12 broché ; Montélimar, s. d.

980 — Mme Amable TASTU : Poésies, 2 vol. in-12 br., gr. ; Paris, Didier, 1839.

981 — Michaelis Verini hispani poetæ, 1 vol. in-12 br. ; Avignon, Mallard, 1670.

982 — MOLIERE : Œuvres complètes, 1 vol. grand in-8 br., Paris, Gennequin, 1865.

983 — Henryk SIENKIEWITZ : Suivons-le ! 1 vol. in-8 br. ; Paris, E. Flammarion, 1904.

984 — Etienne PARROCEL : Discours et fragments, 1 vol. in-8 br. ; Marseille, 1867.

985 — Gustave DROZ : Les Etangs, 1 vol. in-8 br. ; Paris, Hetzel, s. d.

986 — Melchior de VOGÜE : Cœurs russes, brochure.

987 — *Anonyme :* Un mois de folie, poëme, 1 vol. in-12 relié ; Vaucluse, 1803.

988 — BOILEAU : Œuvres, 1 vol. in-12 relié ; Avignon, Albert Joly, 1811. Portrait de l'auteur.

989 — Dictionnaire de l'Académie, t. II, 5e édition, in-4 relié ; Paris, Smits, 1798.

990 — Recueil de poésies sur la naissance de Mgr le Duc de Bourgogne, p. in-4 cart. ; Avignon, Garrigan, 1751.

991 — Clovis HUGUES : Poëmes de prison, brochure in-8 ; Paris, 1875.

» CROUSILLAT : Ode à Craponne.

992 — Pierre de NOLHAC : Pétrarque et l'Humanisme, 2 vol. in-4 br., portrait ; Paris, Champion, 1907.

993 — Pierre RICHELET : Dictionnaire français, 2 vol. in-fol. ; Amsterdam, Jean Elzevier, 1709.

993 bis *Anonyme :* Ma Philosophie, suivie de la réponse, brochure in-8 de 48 p., couverture bleue, gravures de Marillier ; Paris, Delalain, 1771.

Archéologie

994 — J.-A. BRUTAILS : Précis d'Archéologie du moyen âge, 1 vol. in-8 relié, nombreuses gravures ; Toulouse, Ed. Privat, 1908.

995 — L'abbé GODARD : Cours d'Archéologie sacrée, 2 vol. in-8 br., gravures ; Paris, Guyot, 1853.

996 — R. CAGNAT : Lexique des Antiquités romaines, 1 vol. in-8 br., gravures ; Paris, Thorin et fils, 1895.

997 — Camille ENLART : Catalogue du Musée du Trocadéro, 1 vol. in-8 br., gravures ; Paris, Alphonse Picard, 1910.

» Circulaires ministérielles relatives à la conservation des Monuments historiques ; Paris, Imprimerie Nationale, 1875.

998 — Emile BONNET : Médaillier de la Société Archéologique de Montpellier, brochure in-8, 1896.

999 — Abbé ARNAUD D'AGNEL : Les Antiquités de la vallée de l'Arc, 1 vol. in-8 br. ; Aix, Nicot, 1807.

1000 — J. BERTHELÉ : Mélanges, Epigraphie gallo-romaine, 1 vol. in-8 br. ; Montpellier, Valat, 1906.

1001 — DE CAUMONT : Sur quelques antiquités du Midi de la brochure in-8 ; Caen, Hardel, 1845.

1002 — DE CHAMBELLE : Aeria retrouvée, brochure in-8 ; Avignon, Roumanille, 1891.

1003 — Abbé CHAILLAN : Fouilles de la Gayole, brochure in-8.

1004 — Ch. COTTE : Station du Pic d'Oriou. — Anthropologie. — Blés anciens. — Blés de l'antiquité, quatre brochures.

» Eug. DUPRAT : L'Inscription de Casarie, brochure in-8.

1005 — Jules FORMIGÉ : Rapport sur la Chartreuse de Villeneuve, brochure in-8.

1006 — J.-F.-A. PERROT : Histoire des Antiquités de la Ville de Nimes, 1 vol. in-8 relié ; Nimes, 1836.

1007 — G. de MANTEYER : Sépulture de Silvanus à Vachères, plaquette in-8 ; Avignon, Seguin, 1904.

» Fouille de Champerose, br. in-8 ; Gap, Peyrot, 1904.

1008 — Comte de MARSY : Bulletin monumental, brochure in-8 ; Paris, Champion, 1888.

» Marius SAGE : Découverte d'un gisement néolothique à Malemort (Vaucluse), brochure.

» Esprit GIBELIN : Observations critiques et archéologiques, brochure in-8 ; Marseille, Chardon, 1809.

1009 — M. de FORTIA D'URBAN : Antiquités du Département de Vaucluse, 1re partie, 1 vol. in-8 br. ; Avignon, Seguin frères, 1808.

» MENARD : Antiquités de Nimes, 1 vol. br. in-8 ; Nimes, Aury, 1836.

1010 — Abbé MOLLIER : Tour de Viviers, brochure in-8 ; Privas, 1902.

» Annuaire de la Société Impériale des Antiquaires de France, 1 vol. in-12 br. ; Paris, Dumoulin, 1853.

1011 — Album archéologique de la Société des Antiquaires de Picardie, 14e fascicule.

» Curiosités de l'Archéologie et des Beaux-Arts, 1 vol. in-12 br. ; Paris, 1855.

1012 — M. DIDELOT : Antique autel chrétien, brochure in-4 ; Valence, Céas, 1884.

» Répertoire d'Art et d'Archéologie, 12 fascicules in-4, années 1910, 1911 et 1912.

1013 — Ch. GIRAUD : Les nouveaux bronzes d'Osuna, brochure in-8 ; Paris, Impr. Nat., 1877.

» Raphaël GARRUCCI : Graffiti de Pompei, 1 vol. gr. in-8 br, décousu ; Paris, Benj. Duprat, 1856.

1014 — Joachim MENANT : Les Ecritures cunéiformes, 1 vol. in-8 br. ; Paris, Benj. Duprat, 1864.

1015 — Martin DAUSSIGNY : Mémoire sur une statue équestre antique, brochure in-8, 30 p. et un plan.

» MARNOTTE : Arc de Triomphe dit Porte-Noire à Besançon, 1 vol. br., oblong, onze planches ; Besançon, Dodivers, 1875.

1016 — Art. FORGEAIS : Collection de plombs historiés trouvés dans la Seine, 4 vol. in-8 reliés ; Paris, Aubry, 1862.

1017 — Edmond LEBLANT : Inscriptions chrétiennes de la Gaule, Préface et un fascicule in-4 br.

1018 — Simon DURAND et Eugène LAVAL : Album archéologique et monuments historiques du Gard, — 1 vol. in-fol. relié, nombreuses gravures ; Nimes, Soustelle-Gaude, 1853.

»   DE BAUMEFORT : Recherches sur les monuments celtiques du Gard, brochure in-8 ; Lyon, Vingtrinier, 1863.

1019 — MONCHABLON : Dictionnaire abrégé d'antiquités, 1 vol. in-12 relié ; Carpentras, Devillario-Quenin, 1830.

1020 — L'abbé CHAILLAN : Recherches archéologiques sur Gardanne, 1 vol. in-8 br. ; Paris, Picard,. 1910.

»   Inscriptions, bas-reliefs du canton de Gardanne, plaquette in-8, fig. ; Paris, Picard, 1910.

1021 — Bulletin archéologique année 1883, 2 fascicules ; année 1884, 4 fascicules (complète) ; année 1885, 4 fascicule (complète) ; année 1894, 1 fascicule ; année 1895, 3 fascicules ; année 1896, 2 fascicules, in-8 ; Paris, Imprimerie Nationale.

1022 — Centenaire de la Société des Antiquaires de France, 1 fort vol. in-4 br., papier velin, belles gravures ; Paris, Klincksieck, 1904.

1023 — Edmond LEBLANT : Les Sarcophages chrétiens de la Gaule, 1 vol. gr. in-4 cart., papier de luxe, non rogné ; Paris, Imprimerie Nationale, 1886. — Héliogravures de Dujardin.

1024 — Etude sur les Sarcophages chrétiens antiques d'Arles, 1 vol. in-4 cart, papier vergé, non rogné, héliogravures de Dujardin, d'après les dessins de Fritel ; Paris, Imprimerie Nationale, 1878.

1025 — PERRAULT DABOT : Catalogue de la Biblioth. de la Commission des Monuments historiques, 1 vol. in-8 br. ; Paris, Imprimerie Nationale, 1895.

1026 — Victor GAY : Glossaire archéologique, t. Ier, in-4 br. ; Paris, Société Bibliographique, 1887.

1027 — Louis BLANCARD : Iconographie des Sceaux et Bulles, 2 vol. in-4 dont un broché (texte) ; le 2e, reproductions de Sceaux (115 planches), est cartonné.

1028 — DE FORTIA D'URBAN : Discours sur les murs Saturniens ou Cyclopéens, 1 vol. in-8 cart., figures ; Rome, de Romanis, 1813.

1029 — A. SAGNIER : Temple d'Auguste et autel de Jupiter, brochure in-8 ; Avignon, Seguin, 1890.

»   Les fouilles de Gadagne, brochure in-8, 1888.

»   Numismatique des Villes antiques de Vaucluse, brochure in-8 ; Avignon, Seguin, 1890.

1030 — De MORTILLET : Promenades au Musée de St-Germain, Catalogue in-8 br, 79 figures ; Paris, Reinwald, 1869.

1031 — LABANDE : Etudes d'Histoire et d'Archéologie, 1 vol. in-8 br., gravures ; Avignon, Seguin, 1902.

1032 — Congrès archéologiques : Lot comprenant en tout 29 volumes forts in-8 brochés.

1033 — Adolphe LATIL : Palais des Archives Nationales, brochure.

» Étude sur les Archives des B.-du-Rhône, plaquette in-8, 40 p. ; Marseille, Arnaud Cahier, 1868.

Archives

1034 — Joseph BERTHELÉ : Archives de la Ville de Montpellier, t. i, 1er fascic. in-4 ; Montpellier, Serre, 1895.

1035 — Catalogue général des Cartulaires des Archives Départementales, 1 vol. in-4 br. ; Paris, Imprimerie Royale, 1847.

1036 — Maurice PROU : Recueil de fac-simile d'écritures anciennes (Atlas du Manuel de Paléographie), in-4 carton., 12 planches ; Paris, Alphonse Picard, 1892.

1037 — Natalis de WAILLY : Eléments de Paléographie, 2 vol. grand in-4 ; Paris, Imprimerie Royale, 1838.

1038 — Bulletin administratif de Vaucluse, année 1867, relié (archives).

1039 — Musée des Archives Nationales, 2 beaux vol. in-4 reliés, nombreux fac-simile ; Paris, Plon, 1872.

» Ecole des Chartes. Positions des Thèses promotion 1903, in-8, br.

1040 — Paul LACOMBE : Bibliographie des travaux de M. Léopold Delisle, brochure in-8 ; Paris, Henri Leclère, 1911.

1041 — Archives de Vaucluse, 2 vol. gr. in-4 br.

» Archives de la Ville d'Avignon, série AA, 1 vol. in-4 br.

1042 — Archives de l'Ardèche, séries A, B, C, D, 1 vol. in-4 br.

1043 — Archives de la Drôme, cinq vol. in-4 br.

1044 — Archives du Var, trois vol. in-4 cart.

1045 — Archives de l'Isère, trois vol. in-4 br.

1046 — Archives des Bouches-du-Rhône, 8 vol. in-4 dont six brochés et deux reliés.

1047 — Archives des Hautes-Alpes, 1 fascicule du t. Ier.

Provence — États — Parlement
Noblesse — Héraldique

1048 — Tenor Privilegiarum Franquesiarum et libertatum villæ Manuascæ, petit in-8 relié maroquin noir, mauvais état ; Manosque, 1569.

1049 — Règlement du port de la Ville de Marseille, 1 vol. in-4 relié parch. ; Marseille, Garcin, 1654.

1050 — Registre manuscrit du XVIe siècle, de Valavoire, St-Andiol.

1051 — L. de PERUSSIS : Registre manuscrit commençant en 1570, et d'une écriture différente à partir de 1582.

1052 — Relation générale des réjouissances faites à Aix, en 1744 ; brochure in-8 de 32 p. ; Aix, Adibert.

1053 — Le Père FABRE : Panégyrique de la Ville d'Arles, brochure in-8 ; Arles, Gaspard Mesnier, 1748.

1054 — Noble de la LAUZIERE : Abrégé chronologique de l'Histoire d'Arles, 1 vol. in-4 relié, 31 planches ; Arles, Gaspard Mesnier, 1808.

1055 — G. CHARVET : La 1re Maison d'Uzès, étude historique, 1 vol. in-8 br. ; Alais, Martin, 1870.

1056 — Alexandre GUEIDON : Le Plutarque provençal, 1 vol. in-8 relié ; Marseille, Décugis, 1858.

1057 — Arfred SAUREL : Dictionnaire des villes, villages, hameaux des Bouches-du-Rhône, 2 vol. in-8 br. ; Marseille, Olive, 1879.

    »   1er vol. du Dictionnaire précédent relié carton. ; Marseille, Olive, 1877.

1058 — Pierre JOFFRED : Nicœa Civitas, 1 vol. in-4 relié parch., frontisp., figures, beau papier, belle impression, grandes marges ; Turin, Jacob Rustis, 1658.

1059 — GILLES Isidore : Les Fosses Mariennes, 1 vol. in-8 relié ; Marseille, Camoin, 1869.

1060 — Marin de CARRANRAIS : Montmajour, 1 vol. in-8 br., décousu ; Marseille, Olive, 1877.

1061 — Louis GIMON : Chroniques de Salon, 1 fort vol. in-8 ; Aix, Remondet, 1882.

1062 — Alexandre GUEIDON : Almanach de Provence, années 1856 à 1865 reliées en 1 vol. in-8 ; Marseille, Gueidon, 1865.

    »   Même ouvrage, années 1866 à 1876, 1 vol. in-8 relié.

1063 — CARAYON : Mémoires du Président d'Eguilles, 1 vol. in-8 relié.

1064 — MORTREUIL : Dictionnaire topographique de l'arrondissement de Marseille, 1 vol. in-8 relié ; Marseille, Cahier, 1872.

1065 — Troisième centenaire de l'établissement de l'Imprimerie à Marseille, brochure ; Marseille, Moullot, 1895.

    »   Les derniers Ligueurs à Marseille, pièce 38 p.

    »   Rapport sur l'origine de la Confrérie des Pénitents Blancs fondée à Marseille en 1306 (pièce 18 p. in-8).

    »   Canal de Port-St-Louis (160 p., plan).

    »   Un mot sur le canal de Port-St-Louis.

1066 — Ch. TEXIER : Mémoire sur la Ville et le Port de Fréjus, 1 vol. in-4 br. ; Paris, Imprimerie Royale, 1847.

    »   Mémoire pour les Syndics des possédant-biens de Château Gombert, brochure in-4, 1781.

1067 — Compte rendu de l'Administration des Hospices de Marseille, 3 vol. in-4, 1877, 78 et 79.

    »   Mémoire pour la Commune de Bouc contre M. Alfred d'Albertas, brochure in-4 ; Aix, Vitalis, 1846.

    »   Note pour M. de Montvalon contre la Commune de Gardanne, brochure in-4 ; Aix, Nicot, 1882.

    »   Supplique des Notaires d'Aix au roi Louis-Philippe, brochure in-4 ; Aix, Tavernier, 1842.

1068 — Isidore GILLES : Précis historique et chronologique des monuments triomphaux dans les Gaules, 1 vol. in-8 br. ; Paris, Thorin, 1883.

1069 — Marius et Jules César ; leurs monuments dans la Gaule, 1 vol. in-8 br. ; Marseille, Camoin, 1871.

1070 — Les voies romaines et massiliennes dans les Bouches-du-Rhône, 1 vol. in-8 br. ; Avignon, Seguin, 1884.

1071 — Les Fosses Mariennes et le Canal St-Louis, brochure in-8 ; Marseille, Camoin, 1869.

» Campagne de Marius dans la Gaule, 1 vol. in-8 br. ; Paris, Thorin, 1870.

1072 — POUPARDIN : Le Royaume de Provence sous les Carolingiens, 1 vol. in-8 broché ; Paris, Bouillon, 1901.

1073 — J.-B. GAUT : Le roi René, 1 vol. in-8 br. ; Aix, Remondet, 1869.

1074 — G. de MANTEYER : La Provence du Ier au XIIe siècle, 1 vol. in-8 br. ; Paris, Alphonse Picard, 1908.

1075 — L'abbé DASSY : L'Académie de Marseille, 1 vol. in-8 br. ; Marseille, Barlatier, 1877.

1076 — Délibération de l'Association du dessèchement des Marais d'Arles, 1 vol. in-8 relié ; Arles, Mesnier, 1827.

1077 — Littérature provençale, pièces diverses.

1078 —   Id.   Id.   Id.

1079 — Carton contenant diverses brochures provençales.

1080 — ROUX ALPHERAN : Les Rues d'Aix, 2 beaux vol. in-4 br., couverture romantique, édition originale ; Aix, Aubin, 1847.

1081 — En. V. LIEUTAUD : Cartabèu de Santo Estello, 1 vol. in-8 br. ; Marsiho, Jóusè Chauffard, 1882.

1082 — Prosper CASTANIER : La Provence préhistorique et protohistorique, 2 vol. gr. in-8 br. ; Marseille, Aubertin, 1893.

1083 — Emile CAMAU : Les Provençaux aux Croisades, 1 vol. in-8 br. ; Aix, 1888.

1084 — J.-A. FLOQUET : Le Canal de Provence, 1 vol. in-8 relié veau ; Paris, Lemercier, 1750.

1085 — Joannis GUIGARD : Bibliothèque héraldique de la France, 1 vol. in-8 br. ; Paris, Dentu, 1861.

1086 — Réplique à Roumanille. — Les félibres. — Deux brochures.

1087 — BARIGUE DE MONTVALLON : Précis des Ordonnances, Edits, etc, 1 vol. in-8 relié ; Aix, Veuve Jean David, 1752.

1088 — G. de CLUMANE : Les Marques d'arrivée de Tarascon, 8 pages beau papier ; Lille, Lefèbvre-Ducrocq, 1904.

1089 — V. LIEUTAUD : Catalogue de la Biblioth. de Marseille, ouvrages sur la Provence, brochure in-8 ; Marseille, Gravière 1877.

1090 — Abbé DASSY : Guide et Album Marseille, carte.

» Inventaire des obejts d'art et historiques qui décorent les salles de l'Académie de Marseille, brochure in-8 ; Marseille, Barlatier, 1882.

1091 — Augustin FABRE : Essai sur les diverses enceintes de Marseille, 1 vol. in-8 br. ; Marseille, Olive, 1862.

1092 — Chanoine ALBANÈS : Histoire de la Ville de Roquevaire, 1 vol. br. in-8 ; Marseille, Camoin, 1881.

» PONTET : La Vieille Ville des Baux, brochure in-8 ; Lyon, Bonnaviat, 1881.

1093 — Isidore GILLES : La Ville des Baux, brochure in-8 ; Paris, Fontemoing, s. d.

» BORY : De l'état de la langue française à Marseille, plaquette, 16 p. in-8 ; Marseille, Olive, s. d.

» BOUILLON LANDAIS : La Canebière, brochure in-8 ; Marseille, Boy, 1856.

1094 — Camille JULLIAN : Inscriptions de la vallée de l'Huveaune, 1 vol. in-8 br. ; Vienne, Savigné, 1886.

1095 — Alexandre GUEYDON : Almanach historique de Provence, 1875 ; Paris, Plon.

» Mémoire pour l'Œuvre des Prisons d'Aix, plaquette in-4 24 p. ; Aix, Noyer, 1844.

1096 — Affaire Bert Antoine contre le Syndicat des Marais des Anguillons et le sieur Dupuy (rapport d'expertise), brochure in-8 ; Avignon, Seguin, 1895.

» Pétition des habitants de Noves contre le Syndicat des Marais des Anguillons (historique du dessèchement des Marais), brochure in-8 ; Avignon, Seguin, 1894.

1097 — Abbé REYNAUD de LYQUES : Une école de village (Méounes, Var), brochure in-8 ; Draguignan, Latil, 1903.

» Claude BRUN : Bandol, notice topogr. et histor., brochure in-8 ; Marseille, Lebon, 1881.

» Joseph CHAUFFARD : Notice sur Allauch, brochure in-8 ; Marseille, 1879.

» Dr BARTHELEMY : Notice histor. sur le fief de Julhans, brochure in-8 ; Marseille, Cayer, 1878.

1098 — Le Frère MEUNIER : Vitrolles et N.-D. de Vie, brochure in-8 ; Avignon, Seguin, 1890.

» Notice sur la paroisse St-Antoine. — La Major, cathédrale de Marseille. — Conjectures sur des tombeaux romains à Marseille, St-Barnabé : trois brochures in-8.

1099 — *Anonyme :* Histoire d'une ancienne famille de Provence, brochure in-8 beau papier, 1862.

» Abbé CHAILLAN : Le roi René à son château de Gardanne, 1 vol. in-8 br. ; Paris, Picard, 1909.

1100 — Prince Henri de VALORI : Histoire de la Baronie royale de Châteaurenard, 1 vol. in-8 br. ; Paris, Hachette, 1869.

1101 — LECOY DE LA MARCHE : Le roi René, t. Ier, in-8 br. ; Paris; F. Didot, 1875.

1102 — Léon MOREL : La Provence illustrée, 2 vol. in-8 reliés ; Paris, Marescq, 1846.

1103 — M. C. de V. : Voyage en Provence, 1 vol. in-12 relié ; Marseille, 1780.

1104 — Charles de RIBBE : Pascalis, 1 vol. in-8 br. ; Paris, Dentu, 1854, édition originale.

1105 — Anfos MIQUEU : Istòri de la Vilo d'Eiguiero, 1 vol. in-8 br. ; Draguignan, Latil, 1883 (deux exempl.).

1106 — Jules CHARLES-ROUX : Aix-en-Provence, 1 vol. in-8 br.

» Marcel de BRASSIER : Rimo Nouvialo, brochure in-8 ; Forcalquier, 1884.

» FAVIER et GAUTHIER : Armana de Prouvènço ; Marseille, Ruat, 1900.

» Teodor AUBANEL : Discours, 1875.

» Jóusè ROUMANILLE : Lis Entarro-chin.

» Stephen d'ARVE : Le Vœu de la Peste à Noves, plaquette in-8 ; Aix, Nicot, 1898.

1107 — Mémoires de l'Académie de Marseille, t. V (1807) et t. II (an XII, 1804), 2 vol. in-8 br. ; Marseille, Achard.

1108 — de la TOUR KEYRIÉ : Excursions aux environs d'Aix, 1 vol. in-8 br. ; Aix, Makaire, 1896.

» Inauguration du Museum d'Aix, brochure.

1109 — M.-J. MAUREL : Le Brigandage dans les Basses-Alpes, 1 vol. in-8 br. ; Marseille, P. Ruat, 1899.

» Dr J.-B.- JAUBERT : Gréoulx et ses eaux, 1 vol. in-8 br. ; Hyères, Souchon, 1878.

» Ch. MOURRET : Documents inédits sur le château de Tarascon, brochure.

1110 — Philémon GIRAUD : Notes chronologiques sur Bormes (Var), 1 vol. in-8 br. ; Hyères, Cruvès, 1859.

1111 — Octave TEISSIER : Histoire de Toulon, 1 vol. in-8 br. ; Paris, Dumoulin, 1869.

1112 — Félix VERANY : Balthazar de Vias, 1 vol. in-8 br. ; Paris, Bourgeois, 1862.

1113 — ROUARD : Notice sur la Bibliothèque d'Aix, 1 vol. in-8 br. ; Aix, Aubin, 1831.

» J.-M. ROBERT : Essai historique et médical sur les eaux thermales d'Aix, 1 vol. in-8 br. ; Aix, Mouret, 1812.

1114 — Raymond REGNIER : Les Oiseaux de Provence, 1 vol. in-8 br. ; Aix, Ely, 1894.

1115 — Louis FROSSARD : Les Vaudois de Provence, 1 vol. in-8 br. ; Avignon, Bonnet, 1848.

1116 — Antoine de SAPORTA : Aix-Marseille, brochure.

Prince de VALORI : Histoire de Châteaurenard, 1 vol. in-8 broché ; Paris, Hachette, 1869.

1117 — Antonius ARENA : Meygra Entreprisa, brochure in-8 ; Bruxelles, Van Ulladerem, 1748.

1118 — NOBLE de la LAUZIERE : Moyens de vaincre les obstacles de la navigation sur le Rhône, brochure in-8 ; Marseille, Mossy, 1786.

» MOUAN : Notice sur Jacques de la Roque, brochure in-8 ; Aix, 1834.

1119 — Le Père CREYSSEL : Oraison funèbre du duc de Villars, brochure in-4 ; Aix, Adibert, 1735.

» COQUET : Discours sur les Sénéchaux de la Maison de Forbin, brochure in-4 ; Aix, Vve Aug. Adibert, 1772.

1120 — NOBLE de la LAUZIERE : Abrégé chronologique de la Ville d'Arles, 1 vol. in-4 relié ; Arles, Gasp. Mesnier, 1808.

1121 — Docteur BARTHELEMY : Inventaire des Chartes de la Maison des Baux, 1 fort vol. in-8 br. ; Marseille, Barlatier, 1882.

1122 — De Isocratis Papyro Massiliensi, brochure en beau papier, fac-similé.

1123 — CAPPEAU : Compagnie des Alpines, 1 vol. in-8 relié ; Aix, Tavernier, 1817.

1124 — J.-Et. MICHEL d'Eyguières : Statistique du Département des Bouches-du-Rhône, 1 vol. in-8 relié ; Paris, Valade, 1802.

» L'Art provençal à l'Exposition coloniale de 1906, brochure.

1125 — Théodore de RENESSE : Dictionnaire des figures héraldiques, 7 vol. in-8 br., état de neuf, non coupés, nombreux blasons ; Bruxelles, Oscar Schepens, 1894.

1126 — De RIESTAP : Armorial général, 2 forts volumes in-8 br. et 5 fascicules de Supplément. — Gouda, Van Goor Zonen.

1127 — Maistre LOUVAN GELIOT : La vraie et parfaite science des armoiries, 1 vol. in-fol. cart., réimpression reproduite en fac-similé publiée par Rouveyre ; Paris, MDCLX et 1895, nombreux blasons.

1128 — Grand registre in-fol. Inventaire des archives communales de Barbentane, Sarrians, Jonquières, Pujaut, Eyragues et Villeneuve-lez-Avignon, rédigés et écrits par Aug. Canron, manuscrit.

1129 — Affiches de Provence, feuille hebdomadaire d'Aix, sorte de journal allant du 4 janvier au 13 septembre 1778 ; Aix, Bouteille, 1778.

1130 — Etat de l'Hôpital de la Miséricorde d'Aix, 1 vol. in-8, reliure moderne ; Aix, Vve Adibert, 1747.

1131 — ROSTAN : Notice sur la Ste-Baume, 1 vol. in-12 relié, 1860.

» L'abbé COFFINET : Armoriaux des Evêques de Troyes et de Dijon, brochure in-4, blasons ; Paris, 1869.

1132 — L'abbé ARNAUD D'AGNEL : Les Comptes du roi René, 3 vol. in-8 br. ; Paris, Alph. Picard, 1908.

1133 — LECOY DE LA MARCHE : Extraits des comptes et mémoriaux du roi René, 1 vol. in-8 br. ; Paris, Alph. Picard, 1873.

1134 — La Provence artistique et pittoresque, journal hebdomadaire illustré, année 1883 complète, reliée.

1135 — RIPERT de MONTCLAR et l'abbé PITHON-CURT : Mémoire pour le Procureur Général au Parlement de Provence, 2 vol. in-8 reliés, 1769.

1136 — RIPERT de MONTCLAR : Compte rendu des Constitutions des Jésuites, 1 vol. in-12 relié, 1763.

1137 — Anonyme : Armorial des Bibliophiles du Lyonnais, Forez et Beaujolais, brochure in-4 ; Lyon, 1901.

1138 — Joannis GUIGARD : Nouvel armorial du Bibliophile, 2 vol. in-8 br., papier velin, nombreux blasons ; Paris, Emile Rondeau, 1890.

1139 — REYNARD LESPINASSE : Armorial historique du Diocèse et de l'Etat d'Avignon ; y est joint le Pontificum Ecclesiæ Avenionensis, 1 vol. in-4 br. ; Paris, 1874.

1140 — Comte de QUATREBARBES : Œuvres choisies du roi René, 2 vol. in-4 brochés, contenant de nombreux dessins et ornements par M. Hawrke ; Angers, Cosnier, 1833.

1141 — Jeanne de FLANDREYSY : La Vénus d'Arles, 1 vol. in-fol. br. ; papier de Hollande, gravures ; Paris, Lemerre, 1903 ; exemplaire n° 38.

1142 — Le P. Sauveur André PELLAS, Minime : Dictionnaire provençal et français, 1 vol. in-4 relié veau ; Avignon, François-Séb. Offray, 1723.

1143 — Chanoine ALBANÈS : Inventaire analytique des titres de la Maison de Forbin, 1 vol. in-4 br. ; Marseille, 1900.

1144 — Comte de FORBIN : Inventaire des documents concernant la Maison de Forbin, 1 vol. in-4 br. ; Paris, 1902.

1145 — Marquis de FORBIN D'OPPEDE : Monographie de la terre et du château de St-Marcel, 1 vol. in-4 br., papier de Hollande, tiré à 150 exempl., photolithographies, blasons ; ex. n° 13 (dédicace) ; Marseille, 1888.

1146 — Monographie de la terre et du château de la Verdière, 1 vol. in-4 br. ; papier de Hollande, portrait, gravures, blasons, tiré à 80 exempl. non mis dans le commerce, n° 44 ; Marseille, Olive, 1880.

1147 — CHERIN et l'abbé de VERGÈS : Généalogie de la Maison de Montesquiou-Fezensac, 1 vol. in-4 relié veau, papier bleuté, tr. rouges ; Paris, Valade, 1784.

1148 — L de BRESC : Armorial des Communes de Provence, 1 vol. in-8 cartonné, papier de luxe, 600 blasons, édition originale ; Paris, Bachelin, 1866.

1149 — Filadelfe MUGNOS : Histoire généalogique de la maison Ruffo, 1 vol. in-8 br., nombreux blasons et sceaux, portrait ; Marseille, Cahier, 1880.

1150 — J.-B. L'HERMITE DE SOLIERS : La Toscane française, 1 vol. in-4 relié parch., nombreux blasons en couleur, frontispice de Daret ; Paris, J. Piot, 1661.

1151 — L. de LAROQUE : Armorial de la Noblesse du Languedoc, 2 vol. in-8 reliés ; histoire de 900 familles et reproduction de leurs blasons ; Montpellier, Seguin, 1860.

1152 — Baron de COSTON : Les Crouy Chanel, 1 vol. in-8 br., décousu ; Paris, Dentu, s. d. (1865 environ).

1153 — CUVILLIER MOREL D'ACY : Histoire généalogique et héraldique de la Maison des Tyrel, 1 fort vol. in-8 br., papier de luxe, blasons, tiré à 50 exempl. ; Paris, 1869.

1154 — J. NOULENS : Mémoire pour M. le Comte de Pardaillan, 1 vol. in-8 br. ; Paris, Noulens, 1867.

1155 — Henri-Marin PONS : Les Villeroy, brochure in-8 (rare) ; Lyon, Vingtrinier, 1862.

   »   Anatole de BARTHELEMY : Essai sur l'origine des armoiries féodales, brochure 1872.

   »   Prosper FALGAIROLLE : La Maison d'Hauteville. étude historique et généalogique, brochure in-8 ; Avignon, Seguin, 1884.

   »   Marquis de BOISGELIN : Maurel de Villeneuve-de-Mons, brochure ; Digne, Chasporel, 1904.

   »   De la Croix de Chevrières, brochure, 1842.

   »   De TOURTOULON : De l'usage et de l'abus en fait de titres, brochure.

1156 — Le Comte d'ALMAGRO : Notices sur les principales familles de la Russie, 1 vol. in-8 br. ; Paris, Dauvain, 1843.

1157 — L. DEVÈS : Généalogies historiques des familles du Cros, Castellane, etc., brochure.

   »   Jules de TERRIS : La Noblesse d'Avignon, brochure ; Rome, 1908.

   »   Lettres patentes du Roi sur la Noblesse, pièce in-4 ; Carpentras, Quenin, 1784.

1158 — *Anonyme :* Mémoire pour le Comte de Caumont, brochure in-4 ; Marseille, 1834.

   »   BORELLUS : Catalogus Baronum Neapolit., 1 vol. p. in-4, reliure neuve ; Naples, 1652.

1159 — de SEMAINVILLE : Code de la Noblesse française, 1 vol. in-8 br. ; Paris, 1860.

1160 — GOURDON DE GENOUILLAC : Dictionnaire des Fiefs, 1 fort vol. in-8 broché ; Paris, Dentu, 1862.

1161 — RIETSTAP : Armorial général des familles nobles de l'Europe, 1 fort vol. in-8 relié ; Gouda, Van Goor Zonem, 1861.

1162 — Théodore GODEFROY : Le Cérémonial de France, 1 vol. in-4 relié, dos orné, filets et armes de France et de Navarre sur les plats, reliure endommagée, une piqûre de vers à la fin, quelques mouillures ; Paris, Abraham Pacard, 1619.

1163 — Amat de GALLIER : La Baronnie de Clérieu, 1 vol. in-8 br. ; figures ; Lyon, Aug. Brun, 1873.

1164 — E. de NEYREMAND : Nécessité de réprimer les changements de noms, brochure in-8 ; Nimes, Catelan, 1888.

   »   BACHELIN DEFLORENNE : Dictionnaire des familles qui ont fait modifier leurs noms, brochure in-8 ; Paris, 1867.

   »   De TERNAS : Généalogie de la famille Courcol, 1 vol. in-8 br., blason colorié ; Tournai, Vasseur-Delmée, 1878.

   »   Jean de RABOT : Histoire généalogique de la Maison de Rabot, brochure in-8 ; Valence, J. Céas, 1886.

   »   Paul TOURNADE : Etude sur le nom de famille, brochure in-8 ; Paris, Cotillon, 1882.

1165 — M.-A.-J. DUVERGIER : Mémorial historique de la Noblesse, 7e livraison, tome II, in-8 br. ; Paris, 1840.

1166 — Henri et Alphonse PASSIER : Trésor généalogique de Dom Villevieille, 5 vol. in-4, tomes I et II en deux vol. chacun, et 1re partie du t. III ; Paris, Honoré Champion, 1875.

1167 — DE TOURTOULON : Deux brochures de généalogie.

» Notes pour servir à un nobiliaire de Montpellier, 1 vol. in-8 relié ; Montpellier, Grollier, 1856.

1168 — Le P. le MENESTRIER : La nouvelle méthode raisonnée du blason, 1 vol. in-8 relié, front, blasons ; Lyon, Bruyset 1743.

1169 — *Anonyme* : Recueil de pièces relatives à la succession de Clément II de la Salle, 1 vol. in-8 relié, s. l. n. d.

» Bulletin de la Société héraldique et généalogique de France, 1 vol. in-8 br., 1re année ; Paris, 1879.

» *Anonyme* : Notes historiques et généalogiques sur la famille Guigues de Moreton, brochure.

1170 — L. de LAROQUE et Ed. de BARTHELEMY : Catalogue des gentilshommes du Languedoc, 1 vol. in-8, dérelié.

1171 — Vingt-trois brochures Catalogues de Gentilshommes des Provinces, in-8 ; Paris, Dentu, 1865.

1172 — A. BREMOND : Nobiliaire toulousain, 2 vol. in-8 br. ; Toulouse, Bonnat, 1863.

1173 — *Anonyme* : Notices sur les familles illustres et titrées de la Pologne, 1 vol. in-8 br., 3 planches de blasons coloriés ; Paris, Franck, 1862.

1174 — Annuaire pour 1889 du Conseil héraldique de France, 1 vol. in-12 br. ; Paris, 1889.

1175 — Jules SILHOL : Lettres inédites de d'Hozier et du Castre d'Auvigny, 1 vol. in-12 br., papier vergé, tiré à 503 exemplaires, n° 19 ; Paris, 1869.

1176 — Edouard de BARTHELEMY : La Noblesse en France avant et depuis 1789, 1 vol. in-12 relié ; Paris, 1858.

1177 — CHASSANT : Les Nobles et les Villains du temps passé, 1 vol. in-12 relié, papier vergé ; Paris, Aubry, 1857.

1178 — Albert COHEN : Cris de guerre et devises des Etats de l'Europe, 1 vol. in-12 relié ; Paris, Simon Dautreville, 1852.

1179 — J.-B. DUPUY DEMPORTIS : Traité historique et moral du blason, 2 vol. in-12 reliés veau, ex-libris *du Rosnel* ; Paris, Jombert, 1754.

1180 — L'abbé COYER : La Noblesse commerçante, 1 vol. in-12 relié ; Paris, Duchesne, 1756.

» Développement de la Noblesse commerçante, 1 vol. in-12 relié ; Paris, Duchesne, 1757.

1181 — FURGOLE : Traité de la Seigneurie féodale, 1 vol. in-12 relié veau ; Paris, Hérissant, 1767.

1182 — Prince DOLGOROUKI : Notices sur les principales familles de la Russie, 1 vol. p. in-12 relié, ex-libris *Lord Farnham* ; Bruxelles, 1843.

1183 — Comte Amédée de FORAS : Le Droit du seigneur au moyen âge, 1 vol. in-8 br. ; Chambéry, Perrin, 1886.

1184 — Le Major de FOUCHIER : Monographie du nom Fulcherius, brochure in-8 ; Angers, Lachèze, 1876.

    »   Maison de Castellane-Salernes, brochure.

1185 — DULAURE : Etrennes à la Noblesse, 1 vol. p. in-4 relié, frontispice en couleur ; Paris, Jean Thomas, an III.

1186 — Abbé FERAUD : Histoire des Basses-Alpes, 1 vol. grand in-8 br. ; Digne, Vial, 1861.

1187 — J. ROMAN : Obituaire du Chapitre de St-Mary de Forcalquier, 1 vol. in-8 br. ; Digne, Chaspoul, 1887.

1188 — Chanoine CRUVELIER : Histoire de Barrême, 1 vol. in-8 ; Calais, 1879.

    »   J.-J.-M. FERAUD : Les Saintes Reliques de la chapelle du château de Manosque, brochure in-8 ; Digne, Chaspoul, 1885.

1189 — Histoire de la Ville de Riez, 1 vol. in-8 br. ; Aix, Nicot, 1885.

    »   GRAS-BOURGUET : Antiquités de l'arrondissement de Castellane, 1 vol. in-8 br. ; Digne, Repos, 1842.

1190 — Autre cexempl. du même ouvrage.

    »   Damase ARBAUD : Essais historiques sur la Ville de Manosque, 3 vol. in-8 br. ; Digne, Guichard, 1847.

1191 — Ed. de LAPLANE : Histoire de Sisteron, 2 forts vol. in-8 br., plans se dépliant et fig. en taille douce ; Digne, Guichard, 1843.

1192 — Autre exempl. du précédent ouvrage.

    »   Essai sur l'Histoire minicipale de Sisteron, 1 vol. in-8 br., vues et figures ; Paris, Paulin, 1840.

    »   DARLUC : Histoire naturelle de la Provence, t. I, relié, in-8 ; Avignon, Niel, 1782.

1193 — Alfred SAUREL : La Penne. — La Pennelle et le général Penellus, plaquette in-8 ornée de 5 photos ; Marseille, Cayer, 1872.

    »   A... : Précis de l'Histoire de la Maison de Rustichelli-Valori, brochure in-8 ; Paris, Didot, 1855.

1194 — J. de SERANON : Les villes consulaires et les républiques de la Provence au moyen âge, 1 vol. in-8 br. ; Aix, Remondet-Aubin, 1858.

1195 — Ed. ALEXIS : Etude sur la signification des noms des Communes de Provence, 1 vol. in-8 br. ; Aix, Nicot, 1876.

1196 — BELLEGUISE : Traité de la noblesse, 1 vol. p. in-8 relié ; Toulouse, Dominique Camusat, 1688.

1197 — Robert REBOUL : Anonymes, Pseudonymes et Supercheries littéraires de la Provence, 1 vol. in-8 relié ; Marseille, M. Lebon, 1879.

1198 — *Anonyme* : Monuments de l'église Ste-Marthe à Tarascon, 1 vol. in-8 cart., gravures, couverture romant. ; Tarascon, Elisée Aubanel, 1835.

1199 — Robert REBOUL : Les cartons d'un ancien bibliothécaire de Marseille, 1 vol. in-8 br. ; Draguignan, Latil, 1875.

1200 — Cte de WAROQUIN : Traité des devises héraldiques, 2e partie, 1 vol. in-12 br., nombreux blasons ; Paris, veuve Duchesne, 1784.

1201 — FLOQUET : Canal de Richelieu en Provence, cahier de 106 p. in-4, suivies d'une carte ; Paris, Guill. Simon, 1770.

1202 — Mémoire à consulter et consultation pour M. de Cipières contre le Receveur Général de l'Ordre de Malte, 84 p. in-4 ; Aix, 1783.

1203 — Aug. CANRON : Essai historique et archéologique sur l'abbaye de Prémontré, 1 vol. in-8 br. ; Avignon, Seguin, 1871.

1204 — Ed. AUDE : Gaspard de Saillans, notice biographique.
    J. CHARLES-ROUX : Des Troubadours à Mistral, in-8 br. ; Avignon, Seguin, 1917.

Histoire civile

1205 — Ant. de la SALE : Hist. du petit Jean de Saintré, 1 vol. petit in-8 br. ; Paris, L. Sauvaitre.

1206 — Siméon LUCE : La France pendant la guerre de Cent Ans ; Paris, Hachette, in-8 br., 1894.

1207 — CHAMPFLEURY : Histoire des Faïences patriotiques sous la Révolution, in-8 br. ; Paris, Dentu, 1867.

1208 — Anonyme : Statuta Delphinalia, 1 vol. in-4 relié parchemin ; Grenoble, Pierre Charvys, 1619.

1209 — J. QUICHERAT : Mélanges d'archéologie et d'histoire, 2 forts vol. in-8 br. ; Paris, Alph. Picard, 1886.

1210 — LANGLOIS et STEIN : Les Archives de l'Histoire de France, 3 vol. in-8 br. ; Paris, Alph. Picard, 1891.

1211 — Auguste MOLINIER : Les Sources de l'Histoire de France, 6 vol. in-8 br. ; Paris, Alph. Picard.

1212 — Emile CAMPARDON : Mme de Pompadour et la Cour de Louis XV, 1 vol. in-8 br. ; Paris, Plon, 1867.

1213 — Jules QUICHERAT : Histoire du Costume en France, grand in-8 br. ; Paris, Hachette, 1876.

1214 — Albert JACQUEMART : Histoire du Mobilier, in-8 br. ; Paris, Hachette, 1884.

1215 — Claude PARADIN : Devises héroïques, petit in-8 relié ; Lyon, Jean de Tournes, 1557.

1216 — Emile PICOT : Recueil de pièces historiques ; Paris, Société des Bibliophiles français, papier alfa velin, tiré à 93 exempl., 1913.

1217 — Norbert BONAFOUS : Meygra Entrepriza, petit in-4 sur papier de Hollande ; Aix, Makaire, 1860.

1218 — Anonyme : Instructions républicaines et morales. — Syllabaire républicain ; Carpentras, Vincent Raphel, an II (1793).

1219 — Anonyme : Histoire du Maréchal de Boucicaut, 1 vol. in-8 relié, bas. ; Paris, Coignart, 1697.

1220 — Le C. BOURGOIN : Quelques notices sur les premières années de Bonaparte, 1 vol. in-8, reliure signée Duru, beau
papier, belle impression, tr. dorées, filets, dent. int. ; Basle,
Decker, 1797.

1221 — Marquis d'AUBAÏS : Pièces fugitives pour servir à l'Histoire
de France, 2 tomes réunis en un in-4 cartonné ; Paris,
Daniel Chaubert, 1759.

1222 — Edit du Roi Henry IV du 28 janvier 1602, brochure in-8
de 16 p. ; Aix, Jean Tholosan.

1223 — Recueil de Mémoires et Instructions servant à l'Histoire de
France, 1 vol. in-4, reliure moderne ; Paris, Bouillerot, 1626.

1224 — J. BERTHELÉ : La vieille Chronique de Maguelonne, 1 vol.
in-8 br. ; Montpellier, Impr. Centr. du Midi, 1908.

1225 — Autre exemplaire.

1226 — Daniel GRAND : Lettres de Cambon, 1 vol. in-8 br. ; Montpellier, Serre et Ricome, 1889.

1227 — Benoit DURAND : Beaucaire, recherches historiques et chronologiques, 1 vol. in-8 relié ; Avignon, Ch. Giroud, 1718.

»   Relation de ce qui s'est passé entre le Roi et le Comte de
Belle-Isle au sujet de Beaucaire, 1 vol. in-8 relié ; Avignon,
Giroud, 1723.

1228 — LABANDE : Portraits des Princes de Monaco, 1 vol. br.
in-8 ; Monaco, 1908.

»   Histoire des Seigneuries de Menton... etc., 1 vol. in-8 br. ;
Monaco, 1911.

»   Expédition de Jean Grimaldi à Constantinople en 1437, plaquette in-8 ; Monaco, 1908.

1229 — H. LACAILLE : Hôpital général de Réthel (documents), brochure in-8 ; Reims, Matot-Braine, 1893.

»   *Anonyme :* Journal intime du chevalier de Corberon, cahiers
d'un livre dérelié (incomplet).

1230 — H. LORIQUET : Bibliothèque de la Collégiale de St-Bar-
thélemy de Béthune, plaquette.

1231 — G. de MANTEYER : Le nom et les deux premières enceintes
de Gap, 1 vol. in-8 br., beau papier, 4 planches, tiré à
250 exempl. ; Gap, Louis et Jean Peyrot, 1905.

1232 — De MAS-LATRIE : Du Droit de marque, 1 vol. in-8 br. ;
Paris, Baux, 1875.

1233 — Abbé NICOLAS : Histoire de Genolhac, 1 vol. in-8 br. ;
Nimes, Clavel, 1897.

»   Une famille de Somiérois, in-8 br. ; Nimes, 1904.

1234 — H. OMONT : Portrait de Guarino de Leone, 8 p., portrait.

»   Antonin ROUSSET : Noves et St-Rémy, Marais de l'Anguil-
lon, brochure in-8 ; Marseille, Ruat, 1902.

»   Marquis de THÉZAN : Origine du nom de Thézan, brochure
in-8 ; Vannes, Lafolye, 1893.

»   *Anonyme :* Notice sur le médecin Esprit Pontier, d'Aix, brochure in-8, 1800.

Augustin FABRE : Antonius Arena, 1 vol. p. in-4 br. ; Marseille, V. Boy, 1859.

1235 — Jacques DANÈS : Abrégé de la vie de Pierre Danès, ambassadeur de François Ier, 1 vol. in-4 relié, 2 portraits ; Paris, Quillan, 1731.

1236 — Frédéric FABREGE : Histoire de Maguelonne, 2 vol. in-4 br. ; Paris, Alphonse Picard, 1894.

1237 — G. C. T. : Histoire en forme de dialogues, 1 vol. in-12 relié parchemin ; Rouen, Jean Roger, 1625.

1238 — Annuaire historique publié par la Société de l'Histoire de France, 8 vol. in-12 br., années 1837, 38, 39 ; 1841, 42, 43 ; 1853 et 59 ; Paris, Renouard.

1239 — LABANDE : Etude sur l'organisation municipale de Verdun, in-4 br. ; Verdun, Laurent, 1891.

 » Histoire des Etablissements et Institutions charitables de Verdun, in-4 br., 1894.

 » Curiosités historiques, 1 vol. br. in-16 ; Paris, Paulin, 1855.

1240 — P.-L. JACOB : Curiosités de l'Hist. de France, 1 vol. in-8 br. ; Paris, Delahaye, 1858.

1241 — Explication des cérémonies de la Fête-Dieu à Aix, 1 vol. in-8 relié veau, portrait du roi René, gravures de Grégoire ; Aix, David, 1777.

1242 — Joseph BERTHELÉ : Montpellier en 1768 et en 1836, 1 vol. in-4 br. ; Montpellier, Serre, 1909.

1243 — Godefroid KURT : Clovis, 1 fort vol. in-4 br. ; dessins de Rochegrosse, Guillonnet, héliogravures de Dujardin, papier vélin ; Tours, Mame, 1896.

1244 — Rapports au ministre sur la collection de documents inédits de l'Hist. de France, 1 vol. in-4 broché ; Paris, Imprimerie Nationale, 1874.

1245 — Mme de WITT, née GUIZOT : Les Chroniques de Froissart, 1 vol. in-4 br., chromos (vol. dérelié) ; Paris, Hachette.

1246 — Le Cte de LABORDE : Les Ducs de Bourgogne, 3 vol. in-8 br. ; Paris, Plon frères, 1849.

1247 — Ulysse CHEVALIER : Répertoire des sources historiques du moyen âge, ouvrage composé de 9 fascicules in-8 ; Paris, Alphonse Picard, 1903.

1248 — Catalogue de la Biblioth. communale de Marseille (t. III, Histoire), 1 vol. in-8 br. ; Marseille, Barlatier, 1869.

1249 — Ch. d'AIGREFEUILLE : Histoire de la Ville de Montpellier, 1 vol. in-fol. cart. (décousu) ; Montpellier, Jean Martel, 1737.

1250 — Lt-Col. de MONTLUISANT : L'Armée du Rhin. — Chute de Metz, 1 vol. in-8 br. ; Paris, Borrain, 1871.

1251 — Fernand BOURNON et MAZEROLLE : La Correspondance historique et archéologique, première année, 1894 ; St-Denis, Bouillant.

1252 — LABANDE : Histoire de Beauvais, 1 vol. in-8 br. ; Paris, Imprimerie Nationale, 1892.

1253 — Joseph ROSNY : Histoire de la Ville d'Autun, 1 vol. in-4 br., beau papier, gravures, grandes marges ; Autun, Dejussieu, an XI (1802).

1254 — Germain SARRUT : Les fils d'Arpad, étude historique, 1 vol. in-8 br., décousu ; Paris, Dentu, 1861.

1255 — Cte E. de BARTHELEMY : Charlotte-Catherine de La Trémoille, princesse de Condé, brochure in-8 ; Paris, Palmé, 1887.

» DUPUY : Traités concernant l'Histoire de France, 1 vol. in-4 relié ; Paris, Mathurin du Puis, 1654.

1256 — Th. CARLYLE : Histoire de la Révolution française, 3 vol. in-8 br. ; Paris, Germer-Baillère, 1865.

1257 — De VERTOT : Révolutions de Portugal, 1 vol. in-8 relié, armes d'Avignon sur les plats ; Avignon, Chambeau, 1783.

1258 — GUYARD DE BERVILLE : Histoire du chevalier Bayard, 1 vol. in-8 br. ; Apt, Edouard Cartier, 1836.

1259 — MASSILLON-ROUVET : La Commune de Nevers, 1 vol. p. in-8 br., papier vergé, planches ; Nevers, Michot, 1881.

1260 — Annuaire historique de 1844, 1 vol. in-12 broché ; Paris, Jules Renouard, 1843.

1261 — Victor CAMEIRAS : Histoire politique et raisonnée du Consulat, 1 vol. in-8 relié ; Paris, Hacquart, 1801.

1262 — Rapport fait par MM. Corbeau et Trie à la Société des Amis de la Constitution, le 4 mars 1791, à Valence, brochure in-4 ; Avignon, Guichard, 1791.

1263 — Baron de COSTON : Biographie des premières années de Napoléon Bonaparte, 2 vol. in-8 br., couverture romantique ; Paris, Marc Aurel, 1840.

1264 — George BRULEY : Le Général Chabert, brochure.

» Louis DEVÈS : Les Brigands, épisodes de la réaction thermidorienne, plaquette in-8 ; Avignon, Gros, 1885.

1265 — L'abbé MEUNIER : Histoire d'Hesdin, 1 vol. in-8 br., nombreuses planches ; Montreuil-sur-Mer, 1896.

1266 — Quarré REYBOURDON : Chronique d'une maison lilloise, 1 vol. in-8 br. ; Lille, Quarré, 1885.

1267 — *Anonyme :* Recueil de pièces concernant le rétablissement des Bourbons, brochure in-8 ; Paris, 1814.

» Etats Généraux du Languedoc tenus au Puy en 1591, brochure in-8, s. l. n. d. (1850 environ).

1268 — Bulletin du Comité historique des Monuments écrits de l'Histoire de France, 2 vol. in-8 br., gravures ; Paris, Adolphe Delahays, 1850.

1269 — Baron de COSTON : André de Lafaisse, 1 vol. in-8 br. ; Lyon, A. Brun, 1886.

» Occupation du Valentinois par les troupes de Raymond de Turenne, brochure in-8 ; Lyon, A. Brun, 1878.

» Passage de Napoléon dans la Drôme en 1814, brochure in-8 ; Lyon, Aug. Brun, 1890.

» Panique en Dauphiné, brochure in-8 ; Lyon, 1888.

1270 — P.-M. GONON : Séjours de Charles VIII et Loys XII à Lyon
sur le Rhosne, plaquette in-8 br. ; Lyon, 1841, figures (rare).

» Sénatus-Consulte organique du 28 floréal an XII, 36 p. in-4 ;
Avignon, Imprimerie de la Préfecture, 1804.

1271 — Abbé d'EVERLANGE : Histoire de St-Gilles, 1 vol. in-8 br. ;
Avignon, Seguin, 1885.

1272 — IMBERT DE St-AMAND : La Captivité de la Duchesse de
Berry, 1 vol. in-8 relié ; Paris, Denfu, 1890.

1273 — La Solemnelle entrée du Roy dans Avignon le mercredi 16 nov.
1622, plaquette reliée percal, ex-libris H. Destailleur, 8 p. ;
Paris, Abraham Saugrain, 1622.

1274 — Règlement général des Commissaires du Roy, in-8 couvert.
parch. ; Grenoble, Faure, 1732.

1275 — Le R. P. dom PIERRE, de St-Romuald, religieux feuillant :
Trésor chronologique et historique, 3 vol. in-fol. reliés veau ;
Paris, Antoine de Sommaville, 1642..

Géographie — Voyages — Collections
Musées — Expositions — Guides

1276 — ROSELLY DE LORGUES : Christophe Colomb, fort vol. in-4,
reliure amateur, tête dorée, édition originale illustrée de
chromos et d'encadrements variés ; Paris, Palmé, 1879.

1277 — La Provence. — Avignon, plan-guide. — Catalogue Brunel.
--- Expositions de 1891, de 1900, de 1907 : six brochures.

1278 — JOANNE : Itinéraire de Suisse.

1279 — Guides Diamant : France. — Pyrénées, 2 vol. — Dauphiné,
2 vol. — Paris. — Suisse, 2 vol.

1280 — RICHARD : Guide du voyageur en France.

1281 — Du PAYS : Italie du Nord.

1282 — JOANNE : Réseau P.-L.-M., Guide.

1283 — Vingt géographies de départements.

1284 — Plan de Rome, de Paris. — Carte d'Espagne.

1285 — Uriage. — Horaires du Dauphiné. — Angers illustré. — St-
Nazaire. — Stuttgard : quatre albums souvenirs, petit form.

1286 — Nuremberg (Album et Guide), et Catalogue du Musée Ger-
manique.

1287 — Die Donav von Passau, Guide.

1287 bis Le Cicérone de Versailles, 1 vol. in-16 relié ; Versailles, Jacob, 1822.

1288 — Gutenberg Austellung, Souvenir.

» Munich, Guide.

» Uebersicht der Kunsthistorischen Sammlungen der Allerhochs-
ten Kaiserhauser (Catalogue du Musée de Vienne).

1289 — Catalogue du Musée de Munich.

» Catalogue du Musée de Nuremberg.

1290 — JOANNE : Provence, Guide.
   »   Catalogue du Musée d'Aix-en-Provence.
   »   Catalogue de l'Exposition Provençale d'Aix, 1887.
1291 — Six brochures sur le Musée de Marseille : Notice des tableaux
         et monuments antiques (deux exemplaires). — Catalogue
         raisonné du Musée Archéologique. — Le Musée Archéolo-
         gique de Marseille et Notice historique sur le château Bo-
         rély. — Nomenclature des objets d'art composant le Musée,
         suivie d'une Notice historique sur le Musée. — Notice des
         tableaux et monuments antiques exposés dans le Musée de
         Marseille.
1292 — Onze brochures sur le Musée Calvet à Avignon : Notice his-
         torique. — Notice des tableaux et portraits. — Notice his-
         torique des tableaux. — Legs Lajard. — Dons faits au
         Musée depuis sa fondation jusqu'en 1838. — Dons faits au
         Musée de 1840 à 1845. — Dons faits dans l'année 1846. —
         Dons faits de 1847 à 1853. — Dons faits de 1861 à 1865. —
         Dons faits de 1876 à 1880. — Catalogue des Médailles ro-
         maines du Musée.
1293 — Quatre brochures sur Avignon : Avignon et ses environs. —
         Deux catalogues d'expositions. — Livret de la Société des
         Amis des Arts d'Avignon.
1294 — Livret de la Société Artistique des Bouches-du—Rhône, 1857.
   »   Catalogue du Musée de Cluny, 1874.
   »   Catalogue du Musée de Chantilly, 1890.
   »   Catalogue du Musée de Toulouse, 1912 (Sculpture et Epigra-
         phie).
1295 — TRAWINSKI : Musée du Louvre (1896), extrait de la Grande
         Encyclopédie.
   »   Montpellier (Notes sur).
   »   Arles (Album souvenir).
   »   La Chaise-Dieu (Livret-Guide).
   »   Marcel RAYMOND : Etude sur le Musée de Grenoble, 1879.
1296 — La Collection Didelot à Montpellier.
   »   La Collection Laurent Aubanel à Avignon.
   »   La Collection du Comte de Raousset-Boulbon.
   »   La Collection M.-Q. de Latour à St-Quentin.
   »   La Collection de Lestang-Parade à Aix.
1297 — VIARDOT : Les Musées d'Italie (Guide), 1855.
1298 — De LA BORDE : Emaux et Bijoux du Musée du Louvre, 1853.
1299 — Alexandre LENOIR : Musée Impérial des Monuments français.
1300 — Gaston JOURDANNE : Carcassonne, 1900.
1301 — Musée Fabre à Montpellier.
   »   Livret du Salon 1884, et Catalogue, Salon de 1888 (3 vol.).
1302 — Collection musicale J.-B. Laurens à Carpentras, 1901 (Catalog.).
   »   L'Art provençal à l'Exposition coloniale en 1906 (Catalogue).
1303 — Catalogue officiel de l'Exposition universelle, Paris, 1889.

1304 — Musée d'Amsterdam (Catalogue).

1305 — Musée de Villeneuve-lez-Avignon (catalogue 1878).

1306 — Le Cabinet des Estampes de la Bibliothèque Nationale.

1307 — Musée du Puy (catalogue).

» Catalogue des Livres et Médailles du Dr Cavalier à Montpellier, (1898).

1308 — L'abbé LAGIER : Visite à la Basilique St-Antoine (Isère),1902.

1309 — *Anonyme* : Recueil des Antiquités curieuses de Toulon, in-12 relié mar. n., dent. et fleurs de lis sur les plats, bel ex-libris dans le texte ; Toulon, Claude du Tour, 1688.

1310 — Plans et profils des principales villes de Provence, 18 plans et cartes, cartonnés à l'italienne, XVIIIe siècle.

1311 — VERAN : Notice des anciens monuments d'Arles, brochure in-4, 12 p., gravures hors texte ; Arles, Maraty (1820 environ).

1312 — L'abbé VALLA : Aramon, 1 fort vol. in-8 br. ; papier de Hollande ; Montpellier, Manufacture de la Charité, 1906.

1313 — Abbé d'EVERLANGE : Histoire de St-Gilles, 1 vol. br. in-8 ; Avignon, Seguin, 1885.

1314 — Elisée RECLUS : Nouvelle Géographie universelle, 2 forts vol. in-4 br. ; Paris, Hachette.

1315 — LAN : Carte de Marseille et d'une partie de son territoire, collée sur toile, 1872.

» Carte de Marseille et de son territoire, collée sur toile, 1821.

1316 — Géographie générale du Département de l'Hérault, 1 vol. in-8 br. ; Montpellier, 1905.

1317 — P. ALEXANDRE : Divers Voyages, 1 vol. in-4 relié ; Paris, Cramoisy, 1666.

1318 — BRUN-DURAND : La Ville de Crest, broch. in-8 ; Vienne, Savigné, 1877.

» Adolphe AUBENAS : Valréas, 1 vol. p. in-8 relié ; Paris, Porthmann, 1882 (deux exempl.).

» Eug. DUPRAT : Confluents de la Durance, brochure in-8.

1319 — EYSSERIC : Nouvelle Géographie (Cours élémentaire), deux exempl. reliés in-4.

» Géographie générale (cours moyen), 4 exempl. reliés in-4 ; Paris, Delagrave, 1885.

» Congrès de Carthage. — Un numéro du Tour du Monde.

» Rapport sur une mission scientifique à la Côte d'Ivoire.

» Recherches sur un abri saute-vent : quatre brochures.

1320 — Abbé A. ROUET : Notice sur la ville de Lunel, 1 vol. in-8 br. ; Paris, Pédone-Lauriel, 1878.

1321 — *Un Père Mariste* : Histoire de N.-D. de Rochefort, 1 vol. in-8 br. ; Avignon, Chaillot, 1861.

1322 — Félix VERANY : Roquefavour-Ventabren, 1 vol. in-8 br. ; Aix, Makaire, 1882.

1323 — ANDREOSSY : Histoire du Canal du Midi, 1 vol. in-8 relié ; Paris, Dufart, an VIII (1799).

1324 — ALLÈGRE : Bagnols en 1787, 1 vol. in-8 br. ; Bagnols, Broche, 1887.

» J. PERRIN : Géographie du Département de Vaucluse, 1 vol. in-12 relié ; Carpentras, 1873.

1325 — Prince de VALORI : Le Rhône à Marseille, brochure.

» Docteur VILLARS : Les Inondations du Rhône et de la Durance, brochure.

» Arthur WYART : Notice sur le Lycée de Tournon, brochure.

1326 — Vingt-sept vues photogr. des monuments de Rome, format in-4.

1327 — PIGANIOL de la FORCE : Nouvelle description de Versailles et de Marly, t. I, in-8 relié ; Paris, Delaulne, 1724.

1328 — Indicatore generale delle strade ferrate.

1329 — Du SOMMERARD : Musée des Thermes et de Cluny, Catalogue, 1 vol. in-8 br. ; Paris, Hôtel de Cluny, 1883.

1330 — E. FIL : Catalogue raisonné des objets d'art et de céramique du Musée de Narbonne, 1 vol. in-8 br. ; Narbonne, Emm. Caillard, 1877.

1331 — J. LEVROT : Catalogue de l'Exposition rétrospective d'Art régional à Nice 1912, papier de Hollande, brochure in-8, 2 exempl.

» Exposition de portraits (Catalogue).

1332 — Henry BOUCHOT : Les Primitifs français (Catalogue).

1333 — Catalogue de la collection Ploquin, faïences, nombreuses gravures.

» Catalogue de la collection Leroux, objets d'art et de haute curiosité.

1334 — Catalogue de la collection Arnavon, faïences provençales, 3 in-4 br., papier teinté, gravures ; Paris, Plon-Nourrit, 1902.

» Catalogue de la collection Marius Bernard (faïences), deux in-4, papier teinté.

1335 — Catalogue de la collection du baron Jérôme Pichon : tapisseries, tableaux, in-4 br. ; Paris, 1897.

1336 — Collection Dutuit, Catalogue in-4 br., papier de Chine, planches en couleurs ; Paris, 1869.

1337 — J.-B. LAURENS : De Lyon à la Méditerranée, brochure in-8.

» Henri-René d'ALLEMAGNE : Exposition rétrospective française (Moyens de transport). Catalogue luxueux de l'Exposition internat. de Milan, 1906.

1338 — Edouard GARNIER : Catalogue du Musée céramique, fascicule IV, 1 vol. in-8 br. ; Paris, Ernest Leroux, 1897.

1339 — BRUN DURAND : Dictionnaire topograph. du Département de la Drôme, 1 vol. in-4 br. ; Imprimerie Nationale, 1891.

1340 — J ROMAN : Dictionnaire topogr. du Département des Hautes-Alpes, 1 vol. in-4 br. ; Paris, Imprimerie Nationale, 1884.

1341 — Eug. THOMAS : Même ouvrage pour le Département de l'Hérault.

1342 — F. MAZEROLLE : Même ouvrage pour le Département du **Gard.**

1343 — SANTINI : Dictionnaire général des Communes et des Colonies, 1 fort vol. in-12 relié ; Paris, Arthême Fayard, s. d.

1344 — Atlas National et Dictionnaire général des Communes, 1 vol. in-4 relié, cartes nombreuses et plans ; Paris, Ménétrier.

1345 — QUARRE REYBOURDON : Carnet de voyage : Est et Midi de la France, Italie, Sicile, 1 vol. in-8 br. ; Lille, Quarré 1894.

»   Joseph BERTHELÉ : Carnet de voyage d'un antiquaire poitevin, 1 vol. in-8 br. ; Paris, Emile Lechevallier, 1896.

1346 — VIOLLET-LE-DUC : Description du château de Pierrefonds, brochure in-8, vue et plan ; Paris, Bance, 1857.

»   Francis WEY : La Haute-Savoie, 1 vol. in-8 relié ; Paris, Hachette, 1865.

1347 — Jean SAINT-MARTIN : La Fontaine de Vaucluse et ses souvenirs, 1 vol. in-8 br. ; Paris, Sauvaitre, 1891.

1348 — L. M... : Voyage à Marseille et à Toulon, 1 vol. in-12 relié, frontispice gravé, papier bleu ; Paris, Gatley, s. d. (1790 environ).

1349 — LE ROUGE : Atlas portatif de l'Allemagne, 1 vol. in-4 relié, front. par Martinet, 99 cartes coloriées ; Paris, Le Rouge, 1759.

1350 — H. de PARVILLE : Exposition universelle de 1889, 1 vol. in-8 relié perc. grise, lettre préface de M. Alphand, 700 gravures.

Dauphiné

1351 — Bulletin de la Société d'Etudes des Hautes-Alpes, années 1909, 10, 11, 12, 13, 14, 15 et 1916, années complètes.

1352 — Mgr DEPERY, évêque de Gap : Histoire hagiologique du diocèse de Gap, 1 vol. in-8 br., portrait de l'auteur ; Gap, Delaplace, 1852.

1353 — Autre exemplaire du même ouvrage, auquel est jointe une brochure sur les Glaciers des Hautes-Alpes.

1354 — Ulysse CHEVALIER : Inventaire des Archives des Dauphins de Viennois, 1 vol. in-8 br. ; Lyon, Brun, 1871 (deux exemplaires et une brochure de supplément).

1355 — *Un religieux d'Aiguebelle* : Annales de l'abbaye d'Aiguebelle, 2 vol. in-8 br. ; Valence, Jules Céas, 1863.

1356 — Autre exempl. du même ouvrage (1 vol. décousu).

1357 — GARIEL : Bibliothèque du Dauphiné, 1 vol. in-8 relié, intitulé sur le dos : Dictionnaire du Dauphiné, nombreux blasons ; les premiers feuillets couverts de notes manuscrites (décousu).

1358 — ALLUT : Etude biographique et bibliographique sur Symphorien Champier, 1 vol. in-8 cart., papier de Hollande ; Lyon, Schaurin, 1859.

1359 — J. BRUN DURAND : Mémoires d'Eustache Piémond, 1 vol. grand in-8 br. ; Valence, J. Céas, 1885.

1360 — L'abbé GAILLAUD : Ephémérides pour servir à l'Histoire des Hautes-Alpes, 1 vol. in-8 br. ; Paris, Audier, 1874.

1361 — Marquis Henri de PISANÇON : Etude sur l'allodialité dans la Drôme, 4 fascicules in-8 ; Valence, Chenevier, 1874.

1362 — CHORIER : Antiquités de la Ville de Vienne, 1 fort vol. in-8 cart, figures ; Lyon, Millon, 1828 (mouillures).

1363 — GIRAUD : Mystère des Trois Doms, 1 vol. in-8 br. ; Lyon, Louis Perrin, 1848.

1364 — PILOT DE THOREY : Etude sur la Sigillographie du Dauphiné, 1 vol. in-8 br., 28 pl., 150 fig., Grenoble, Maisonville, 1879.

1365 — Louis FOCHIER : Souvenirs historiques sur Bourgoin, 1 vol. in-8 br. ; Paris, Ernest Thorin, 1880.

1366 — L'abbé NADAL : Histoire hagiologique du diocèse de Valence, 1 fort vol. in-8 br. ; Valence, Marc Aurel, 1855.

1367 — Bulletin de la Société de Statistique du Département de la Drôme, 2 vol. in-8 reliés, couverture conservée, figures ; Valence, Borel, 1841-42.

1368 — PELLENC-PILOT... etc... : Statistique générale du Département de l'Isère, 3 vol. in-8 dont 2 brochés, le 3e relié ; Grenoble, Allier, 1844, 46, 47.

1369 — Abbé NADAL : Histoire de l'Université de Valence, 1 vol. in-8 br., beau papier, portrait de Cujas, plan ; Valence, Marc Aurel, 1861.

1370 — Albert CAISE : Histoire de St-Vallier et de son abbaye, 1 vol. in-8 br. ; figures et plan ; Valence, Combier, 1867.

1370 bis Albert CAISE : Cartulaire de St-Vallier, 1 vol. in-8 br. ; Valence, Combier, 1870.

1371 — Ch. CHARRONNET : Les Guerres de religion dans les Hautes-Alpes, 1 vol. in-8 br. (décousu) ; Gap, Jouglard, 1861.

1372 — Ulysse CHEVALIER : Ordonnances des Rois de France relatives au Dauphiné, 1 vol. in-8 br. ; Colmar, Hoffmann, 1871.

1373 — A. PIOLLET : Table des Bulletins de l'Académie Delphinale, 1 vol. in-8 br. ; Grenoble, Allier, 1889.

1374 — Adolphe FABRE : Recherches historiques sur le pèlerinage des Rois de France à N.-D. d'Embrun ; 1 vol. in-8 br. ; Grenoble, Maisonville, 1859.

1375 — Albert du BOYS : La Grande-Chartreuse, 1 vol. in-8 br. ; Grenoble, Baratier, 1845.

1376 — Auguste BOURNE : Vizille, 1 vol. in-8 br. ; Vizille, Guillot, s. d. (1850).

1377 — Aymar du RIVAIL : Description du Dauphiné, 1 vol. in-8 br. ; Grenoble, Allier, 1852.

1378 — J.-Cl. MARTIN : Mélanges historiques, recueil de diverses brochures in-8 en un vol. relié, portrait gravé par Roy ; Paris, Michaud, 1816.

1379 — *Anonyme* : Lutte du Parlement du Dauphiné, 2 vol. in-8 reliés, s. l. n. d.

1380 — Jules CHEVALIER : Essai historique sur l'église et la ville de Die, t. I, in-8 br. ; Montélimar, Bourron, 1888.

1381 — Général de MONTLUISANT : Notice biographique sur Mgr Thibaut, brochure in-8.

» Baron de COSTON : Etymologie des noms de lieux du Département de la Drôme, 1 vol. in-8 br. ; Paris, Aubry, 1872.

1382 — A. LACROIX : L'Arrondissement de Montélimar, 8 vol. in-8 br. ; Valence, Combier, 1869.

1383 — *Anonyme :* Cartulare monasterii Beatorum Petri et Pauli de Domina, 1 vol. in-8 br., papier vergé ; Lyon, Louis Perrin, 1859.

1384 — Baron de COSTON : Histoire de Montélimar, 3 vol. in-8 br., état de neuf, non coupé ; Montélimar, Bourron, 1878.

1385 — Abbé BELLET : Notice historique sur Aymon Ier de Chissé, 1 vol. in-8 br., et une brochure de controverse ; Paris et Vienne, 1880 et 1882.

1386 — Remontrances du Parlement de Dauphiné au Roi, 1 vol. in-8 relié veau, 1760.

1387 — PERRIER : Histoire des Evêques de Valence, 1 vol. in-8 br. ; Monaco, 1887.

1388 — ROUSSILLON : Guide du voyageur dans l'Oysans, 1 vol. in-8 br., 9 lithogr. et 1 carte ; Grenoble, Maisonville, 1854.

1389 — Victor ADVIELLE : Histoire de l'Ordre hospitalier de St-Antoine de Viennois, 1 vol. in-8 br. ; Paris, 1883.

1390 — BRUN DURAND : Dictionnaire biographique de la Drôme, 2 vol. grand in-8 br. ; Grenoble, Falque, 1901.

1391 — Bulletin de la Société d'Archéologie et de Statistique de la Drôme, 2 vol. in-8 br., arrondissement de Nyons ; Valence, J. Céas, 1888.

1392 — EXPILLY : Plaidoyers, 1 fort vol. in-4 relié veau, dos orné, tr. rouges, lettrines, bandeaux ; Lyon, Laurent Durand, 1636.

1393 — Autre exemplaire du même ouvrage, relié parchemin.

1394 — Emile BERGER : Discours de rentrée à la Cour d'appel de Grenoble, 1872, in-8 br, 180 p., ; Grenoble, Baratier.

» Discours de rentrée 1869, in-8 br., 112 p.

» ALMERAS LATOUR : Discours de rentrée, in-8, 40 p. ; 1860.

1395 — Emile GUIGUES : Sechot et Populard, 1 vol. in-8 br. illustré ; Grenoble, Baratier, 1886.

1396 — Ulysse CHEVALIER : Visites pastorales et ordinations des Evêques de Grenoble, 1 vol. in-8 br. ; Montbéliard, Hoffmann, 1874.

1397 — Claude CHARVET : Fastes de la Ville de Vienne, 1 vol. in-8 br. ; Vienne, Savigné, 1869.

1398 — BRUN-DURAND : Notes pour l'Histoire du diocèse de Die, 1 vol. in-8 br. ; Valence, Chenevier, 1875.

1399 — DELACROIX : Essai sur la Statistique et l'Histoire du Département de la Drôme, 1 vol. in-8 relié ; Valence, Montal, 1817.

1400 — SABBATIER : Affaire de la Salette, 1 vol. in-8 br. ; Grenoble, Vellot, 1857.

»   L'abbé DELEON : La Salette devant le Pape, 1 vol. gr. in-8 relié ; Grenoble, Redon, 1854.

1401 — Marie-Cyprien BOUTRAIS, Chartreux : La Grande-Chartreuse, 1 vol. in-12 br. ; Grenoble, Aug. Cotte, 1881.

»   *Un Chartreux :* La Grande-Chartreuse, 3e édition, 1 vol. in-12 br., gravures ; Grenoble, Aug. Cotte, 1882.

»   PICHAT et PONCET : Les derniers jours de la Grande-Chartreuse, 1 vol. in-8 br. ; Pignerol, Chiantore, 1903.

1402 — *Un Professeur de Séminaire :* Ephémérides, simples notes pour l'Histoire des Hautes-Alpes, 1 vol. in-8 br. ; Gap, Jouglard, 1864.

1403 — L'abbé NADAL : Vie de Jacques—Marie Bellier, prêtre du diocèse de Valence, 1 vol. in-8 relié veau ; Marseille, Chauffard, 1851.

1404 — Louis FOCHIER : Recherches historiques sur les environs de Bourgoin, 1 vol. in-12 br. ; Lyon, Boullieux, 1865.

1405 — CHORIER : L'Estat politique de la province de Dauphiné, 3 vol. in-12 reliés ; Grenoble, Philippes, 1671.

1406 — Annuaire de la Drôme, 1830 et 1833.

1407 — Almanach historique et général du Dauphiné, 1788.

1408 — Recueil historique des merveilles de N.-D. du Laus, 1 vol. in-12 br., front. ; Grenoble, André Faure, 1736.

1409 — Guidonis Papæ I. Utriusque Consultissimi Decisiones a Rambaudi... etc... etc., 1 vol. in-fol. relié bas. verte, filet ; Genève, Samuel de Tournes, 1667.

1410 — Jean Guy BASSET : Plaidoyers, 1 vol. in-fol. relié veau, lettrines, bandeaux, culs-de-lampe ; Grenoble, Jacques Petit, 1668.

1411 — Notables Arrests de la Cour de Parlement de Grenoble, 1 vol. in-fol. relié ; Grenoble, Laurent Gilibert, 1676.

1412 — Documents sur le Dauphiné, registre in-fol. contenant divers documents et brochures.

1413 — CHORIER : Histoire du Dauphiné, tome II, gr. in-4 cart., papier teinté, près de 900 pages.

1414 — BOREL d'HAUTERIVE : Album historique du Dauphiné, 1 vol. gr. in-4 br. ; grandes marges, planches ; Grenoble, Vellot, 1847 (volume rare).

1415 — Paul GUILLAUME : Chartes de N.-D. de Bertaud, 1 vol. in-8 br.

1416 — Alexandre FAUCHE-PRUNELLE : Essai sur les anciennes institutions des Alpes Cottiennes et Briançonnaises, 2 vol. in-8 br. ; Grenoble, Vellot, 1857.

1417 — TASSIN : Plans et profils des principales villes de la province de Dauphiné, 1 vol. oblong, couverture papier, 40 cartes ou plans (1640 environ), deux exemplaires.

1418 — Octave DENORD : Les Thermes et le Château d'Uriage, brochure in-8 ; Grenoble, Prudhomme.

» Cyprien FERRASSIER : Notice biobliographique sur M. l'abbé Jouve, chanoine de Valence, brochure in-8 40 p., s. l. n. d.

» Le Père APOLLINAIRE de Valence : Etudes franciscaines sur la Révolution dans l'Isère, br. in-8, 66 p. ; Valence, Céas, 1893.

» Même ouvrage pour la Drôme, broch. in-8, 62 p. ; Valence, Céas, 1894.

» Anat. de GALLIER : Jean de Serre, historiographe de France, in-8 de 20 p. ; Lyon, Brun, 1873.

» Une page de l'Histoire du Viennois, broch. in-8 ; Vienne, Savigné, 1874.

1419 — J. ROMAN : Histoire de Ribiers (Hautes-Alpes), broch. in-8 ; Gap, Richaud, 1892.

» LONG : Des Vocontiens, 1 vol. in-4 relié, 3 cartes, suivi d'un Mémoire sur l'inscription de Lomaric, et de deux autres brochures ; Paris, Imprimerie Nationale, 1849.

1420 — Jules MARION : Cartulaires de l'église cathédrale de Grenoble, 1 vol. in-4 cart., beau papier ; Paris, Imprimerie Nationale, 1869.

1421 — De LADOUCETTE : Atlas pour l'Histoire des Hautes-Alpes, in-8 br., s. d.

» Annales des Hautes-Alpes, 6 livraisons 1898-1899.

» Notes sur les thèses illustrées dauphinoises, brochure in-4, papier de Hollande, tirée à 125 ex. ; Grenoble, 1886.

Lyonnais

1422 — Le Président BAUDRIER : Bibliographie lyonnaise, 11 vol. in-8 br., papier de Hollande, nombreux fac-simile dans le texte et hors texte ; Lyon, Brun, 1895 à 1914.

1423 — POIDEBARD, BAUDRIER : Armorial des Bibliophiles lyonnais, 1 fort vol. in-4 relié, papier teinté, nombreux blasons ; Lyon, Maison du Palais-Royal, 1907.

1424 — Mémoires de la Société littéraire, historique et archéologique de Lyon, années 1879, 80 et 81, 3 vol. gr. in-8 br. ; Lyon, 1882.

1425 — Gaspard BELLIN : Neuf brochures intéressantes pour Lyon.

1426 — E. CUAZ : Le Château de Pierre Scize, 1 vol. in-8 br., papier de luxe, gravures ; Lyon, Rey, 1907.

1427 — Abbé VACHET : Les anciens Chanoines Comtes de Lyon, 1 vol. in-8 br. ; Lyon, Vitte, 1897.

1428 — Dr FRANCUS : Voyage humoristique au Mont Pilat, 1 vol. in-8 br. ; Lyon, Brun, 1890.

1429 — Anonyme : Procès des Avocats et Médecins de Lyon, 1 vol. in-4 relié veau, beaux caract., gr. marges ; Lyon, Plaignard, 1700.

1430 — GUIGUES : Recherches sur Notre-Dame de Lyon, 1 vol. in-8 br. ; Lyon, Scheurin, 1876.

1431 — MONTFALCON : Histoire de la Ville de Lyon, 2 vol. gr. in-8 reliés, et une brochure, gravures ; Lyon, Guilbert et Dorier, 1847.

1432 — *Anonyme* : Notes et documents sur Lyon pendant la Ligue, 2 vol. in-8 br., s. l. n. d.

1433 — MONTFALCON : Livre d'or du Lyonnais, 1 vol. in-8 br. ; Lyon, 1866.

1434 — Catalogue de l'Exposition Internationale de Lyon en 1914, 1 vol. in-8 br., gravures.

1435 — V. de VALOUS, Léopold NIEPCE : Diverses inscriptions trouvées à Lyon, broch. in-8, 88 p, s. l. n. d. (1850 environ).

» Famille de Chaponay, broch. in-8 ; Lyon, 1882.

» Les Titres de la Noblesse du Lyonnais, 1 vol. in-8 br. ; Lyon, s. d.

» Mémoire pour Mgr l'Archevêque Comte de Lyon, broch. in-4, 1773.

1436 — L. de LAROQUE et Ed. de BARTHELEMY : Catalogue des Gentilshommes du Lyonnais, 1 vol. in-8, dérelié ; Paris, Firmin Didot, 1861.

» Proclamation du Maire de Lyon aux habitants de Lyon du 8 avril 1814, 8 p. in-4 ; Lyon, Rusand.

1437 — M COMARMOND : Description des antiquités et objets d'art du Palais des Arts de Lyon, 1 fort vol. in-4 ; Lyon, Dumoulin, 1835.

» Congrès scientifique de France, 9e session à Lyon, 1842 ; 2 vol. in-8 br.

» Diverses inscriptions trouvées à Lyon, broch. in-8, 88 p.

Vivarais

1438 — Abbé ROUCHIER : Histoire religieuse, civile et politique du Vivarais, 2 vol. in-8 br., belle impression ; Paris, Firmin-Didot, 1862.

1439 — Les Mines d'argent de Largentière et Proverbes et Maximes populaires du Vivarais : deux brochures.

1440 — Le R. P. DOMAINE : Notre-Dame d'Ay, 1 vol. in-12 br., gravures ; Lille, Desclée, 1897.

1441 — A. MAZON : Petites notes ardéchoises, 1 vol. in-8 br. ; Privas, Roure, 1870.

1442 — J.-B. DALMAS : Les Sorcières du Vivarais, 1 vol. in-8 br. ; Privas, Guiremand, 1865.

1443 — Dr FRANCUS : Voyage au pays helvien, 1 vol. in-8 br. ; Privas, 1888.

1444 — Voyage dans le Midi de l'Ardèche, 1 vol. in-8 br. ; Privas, 1884.

1445 — Abbé GARNODIER : Recherches archéologiques sur St-Romain de Lerp, 1 vol. in-8 relié ; Valence, Marc Aurel, 1852, gravures.

1446 — BOISSY d'ANGLAS : Conspiration de Saillars, 1 vol. in-8 relié ; Privas, Pierre Guillet, 1792.

1447 — Dr FRANCUS : Voyage au Bourg-St-Andéol, 1 vol. in-8 br. ; Privas, 1886.

1448 — M.-A. PONCER, jeune : Mémoires historiques sur Annonay et le haut Vivarais, 2 vol. in-8 br. ; Lyon, Chambet, 1835 (mouillures).

1449 — Abbé MOLLIER : Recherches historiques sur Villeneuve-de-Berg et ses environs, 1 vol. in-8 br. ; Avignon, Aubanel, 1866.

1450 — Paul d'ALBIGNY : Le livre d'or du département de l'Ardèche, 1 vol. in-8 br. ; Privas, Roure, 1879.

»   LEBRE : Les Trois Roches, légende, brochure.

Bourbonnais

1451 — Abbé MORET : Histoire de St-Menoux, 1 vol. in-8 br., nombreuses gravures, papier de luxe ; Moulins, Crépin-Leblond, 1907.

1452 — Abbé CLEMENT : La Piété et l'Art en Bourbonnais, 1 vol. in-8 br., nombreuses gravures ; Moulins, Etienne Auclaire, 1909.

1453 — Autre exemplaire du précédent ouvrage.

»   Cinq opuscules in-8 br., illustrés.

1454 — Roger de QUIRIELLE : Guide archéologique dans Moulins, 1 vol. in-8 br., papier de luxe, gravures ; Moulins, Durand, 1895.

»   Cahiers des pouvoirs et instructions que l'Ordre de la Noblesse du Bas-Vivarais confie à ses députés aux Etats Généraux, pièce 56 pages, incomplète ; Villeneuve-de-Berg, 1789.

Ouvrages divers

1455 — CONSTANT Pierre : Les Facteurs d'instruments de musique, in-8 br. ; Paris, Ed. Sagot, 1893.

1456 — Jean d'ORTIGUE : La Musique à l'église, 1 vol. in-8 br. ; Paris, Didier, 1861.

1457 — LECOY DE LA MARCHE : La Société au XIIIe siècle, 1 vol. in-8 br. ; Paris, Palmé, 1880.

1458 — Ch. de RIBBE : La Vie domestique, 2 vol. in-8 br. ; Paris, Ballenweck, 1877.

1459 — Victor COUSIN : Du Vrai, du Beau et du Bien, 1 vol. in-8 br. ; Paris, Didier, 1873.

1460 — Eug. FROMENTIN : Les Maîtres d'autrefois, 1 vol. in-8 br. ; Paris, Plon et Nourrit, 1885.

1461 — *Main de Maître* : Esprit du chevalier de Folard, 1 vol. in-8 rel., tr. r., 24 plans ; Lyon, Jean-Marie Bruyset, 1761.

1462 — Henry COCHIN : Le frère de Pétrarque, in-8 br. ; Paris, Emile Bouillon, 1903.

1463 — GALLIOT du PRÉ : La Cronique du Très Chrestien Roy Louis XIe, 1 vol. in-8 relié mar. du L., 168 feuillets, tr. dorées, dent. int. fleurons sur les plats ; Paris, Galliot du Pré, 1558.

1464 — MARTIN KEMPIS : Opus Polyhistoricum dissertationibus XXV de Osculis subnexisque de Judæ ingenio, vita et fine sacris Epiphyllidibus absolutum ob variarum Gentium, etc..., 1 vol. relié in-4, portrait de l'auteur, table manuscrite au commencement, belle impression, lettres majuscules ornées ; Francfort, Martin Hallervord et Jean André, 1680, livre rare.

1465 — BRUNET : Manuel du Libraire, 14 vol. in-8 br. et 24 fasc. supplémentaires ; Paris, Firmin Didot, 1860.

1466 — Vital de VALOUS : Les Origines des familles consulaires de Lyon, depuis l'établissement de la Commune jusqu'en 1790, 1 vol. in-8 rel, tiré à 225 exempl., exemplaire rempli d'annotations (très rare).

1467 — François de TONDUTI : Tractatus de Præventione Judiciali, un vol. in-4 relié parchemin, Lettrines et culs-de-lampe, tr. bon état ; Avignon, Piot, 1646.

1468 — Petit Almanach de la Cour de France, 6e année, 1812, petit in-12 cartonné.

1469 — Almanach de la bonne Duchesse par A. J. A. Gautier, 2e édition, in-12 cart., portrait de la Duchesse de Berry ; Marseille, Stafford et Lapierre, 1833.

1470 — Angelo CORRARO : Relation de la Cour de Rome l'an 1661 ; Leyde, Almaric Lorens, 1663. — Conclave pour élire Alexandre VIII, 1664. — Relation de la Cour de France : 3 vol. reliés en un seul, maroquin rouge, tr. dorées, filets, fleurons.

1471 — Almanach dédié aux Dames pour l'année 1808, petit in-12, belles et fines gravures de Bovinet, poésies.

1472 — Almanach dédié aux Dames 1818, jolie reliure romantique dans un étui, tr. dorées, fines gravures.

1473 — GANTEZ : L'Entretien des Musiciens, in-4 reliure amateur, tiré à petit nombre sur grand papier de Hollande, no 75 ; Paris, Claudin, 1878.

1474 — PELLECHET : Catalogue général des incunables des Biblioth. publ. de France, 3 vol. in-8 br.; Paris, Picard, 1897.

1475 — FEUILLET DE CONCHES : Causeries d'un curieux, 3 forts vol. in-8 br. ; Paris, Plon, 1862.

1476 — Edmond et Jules de GONCOURT : Madame de Pompadour, 1 vol. grand in-4, reliure de luxe, nombreuses gravures en couleur et reproductions de tableaux et portraits ; Paris, Didot, 1888.

1477 — J. DEMAY : Le Costume au Moyen Age d'après les sceaux, gr. in-4, reliure amateur, tête dorée ; Paris, Dumoulin, 1880.

1478 — Achille et Pierre PARBONI : Cent vues de Rome et de ses environs, gravures au burin, format in-4, couverture papier ; Rome, Jacques Antonelli, 1831.

1479 — GRAYMY : Instruction sur la culture du Mûrier, petit in-12 br. ; Apt, Trémollière, l'an V (1797).

1480 — *Anonyme* : Onze brochures réunies en un volume in-12 broché, époque de la Révolution : 1. Le Devoir des Savetiers. — 2. L'Oiseau bleu. — 3. Histoire de 3 bossus de Besançon. — 4. Geneviève de Brabant. — 5. La Chatte blanche. — Le Secret des secrets. — 7. Le Juif Errant. — 8. Le Passe-temps des gens d'esprit. — 9. Les Aventures de Fortunatus. — 10. A la bonne femme. — 11. Cantique de St Eustache.

1481 — Reliure vide, maroquin rouge, armoriée.

1482 — *Anonyme* : Institutiones Imperiales, petit in-12 relié maroquin noir, lettrines coloriées et dorées, orné d'un bel ex-libris sur parchemin portant la date de 1664, reliure fat.

1483 — Michel NOSTRADAMUS : Les Prophéties et les Centuries VIII, IX et X réunies en un p. in-8 relié, armoiries sur les plats ; Lyon, Nicolas Gay et Ant. Baudrand, 1557.

1484 — Laurent JOUBERT : La première partie et la deuxième des Erreurs populaires touchant la Médecine, in-8 relié parchemin à recouvrement, lettrines, belle impression ; — Rouen, Thomas Dare, 1601.

1485 — *Anonyme* : La Lyre maçonnique, Etrennes aux Francs-maçons et à leurs Sœurs pour l'année 5810 (1810), 1 vol. in-8 relié ; Paris, chez le F.·. J. Chaumerot, 1810.

1486 — Michel NOSTRADAMUS : Les Prophéties, 1 vol. in-8, reliure défaite ; Avignon, Domergue, 1772.

1487 — Dr AKERLIO : Eloge des Perruques, 1 vol. in-12 br. ; Paris, Crapelet, an VII (1798).

1488 — Phil. Sylvestre DUFOUR : Traités nouveaux et curieux du café, du thé et du chocolat, 1 vol. in-12 relié veau, orné de gravures d'Ogier, front., lettres ornées ; Paris, chez l'auteur, 1684.

1489 — Antoine PETIT : Ambiani crisimerologium, seu dierum crisimorum ratio, ad amplissimum medicorum parisiensium ordinem, 1 vol. in-8 relié parchemin, beau frontisp. ; Paris, Rovilli, 1566.

1490 — Ant. de VILLON : Usage des Ephémérides : astrologie, prognostic universel, 1 vol. in-8 relié bas., ouvrage très curieux, orné de grav. sur bois ; Paris, Jean Moreau, 1624.

1491 — Antoine FIZES : Traité des Fièvres, 1 vol. in-12 relié veau ; Avignon, Chabrier, 1749.

1492 — Jean CHARRIER : Des Magistrats et République de Venise, 1 vol. in-8, reliure moderne ; Paris, 1544.

1493 — DECREMPS : La Magie blanche dévoilée, 1 vol. in-4 relié veau, tr. rouges, frontisp., fig ; suivi d'un supplément avec front ; très belle impression ; Paris, Langlois, 1784.

1494 — BEAUMONT : L'Encyclopédie perruquière, 1 vol. in-8 relié, orné de 45 gravures sur les perruques ; Amsterdam et Paris, Hochereau, 1757.

1495 — M. J. M. F.. : Le Jeu de Trictrac, 1 vol. in-8 relié veau ; Paris, Nyon aîné, 1776.

1496 — J. SEGUIN : La Fontaine minérale d'Arles, broch. in-4 de 36 p. ; Arles, Cl. et Jac. Mesnier, 1681.

1497 — Michel MAITTAIRE : Annales Typographici ab anno 1500 ad annum 1536, 3 vol. in-4 reliés veau, grandes marges, belle impression ; HAGAE COMITVM, fratres Vaillant, 1722.

1498 — CLAUDIN : Origines de l'Imprimerie à Alby et en Languedoc, 1 vol. in-4 br., papier de Hollande, figures et spécimens d'anciennes impressions ; Paris, Claudin, 1880.

1499 — CLAUDIN : Origines et Débuts de l'Imprimerie à Poitiers, 1 vol. in-4 br. ; Paris, Claudin, 1897.

   »   Monuments de l'Imprimerie à Poitiers, 1 vol. in-4 br., nombreuses reproductions ; Paris, Claudin, 1897.

1500 — Emile RUELLE : Bibliographie générale des Gaules, 2e partie, 1 vol. in-4 br. ; Paris, Champion, 1886.

1501 — M. PELLECHET : Catalogue des Incunables des Bibliothèques publiques de Lyon, 1 vol. in-8 br., nombreuses reproductions; Lyon, Léon Delaroche, 1893.

1502 — DAUNOU : Catalogue des Incunables de la Bibliothèque Ste-Geneviève, 1 vol. in-8 br., papier de Hollande ; Paris, Alphonse Picard, 1892.

1503 — A.-M.-P. INGOLD : Notice sur la vie et les ouvrages de Marie Pellechet, 1 vol. in-8 br. ; Paris, Picard, 1902.

1504 — M. PELLECHET : Catalogue des Incunables de la Biblioth. de Dijon, 1 vol. br. in-8, papier de Hollande ; Dijon, Lamarche, 1886.

1505 — Catalogue des Incunables de la Bibliothèque de Versailles et des livres imprimés de 1500 à 1520, 1 vol. in-8 br., papier de Hollande ; Paris, Alph. Picard, 1889.

1506 — M. PELLECHET : Catalogue des livres d'un chanoine d'Autun, 1 vol. in-8 cart. ; Paris, Alphonse Picard, 1890.

1507 — Congrès scientifique de France, 33e session tenue à Nice, 1 vol. in-8 br. ; Nice, Gauthier, 1867.

   »   Congrès scientifique de France, 33e session tenue à Aix, 4 vol. in-8 br. ; Aix, Remondet, 1868.

1508 — Léopold DELISLE : Mise et maintien en ordre d'une bibliothèque, brochure in-8.

1509 — Emile PICOT : Les Imprimeurs Rouennais au XVe siècle, broch. in-8 ; Rouen, Cagniard, 1911.

1510 — M. PELLECHET : Bibliothèque de la Ville de Versailles, broch.

1511 — Spire BLONDEL : Le Livre des Fumeurs et des Priseurs, 1 vol. in-4 br. ; couverture en couleurs, illustré par Fraipont ; Paris, H. Laurens, 1891.

1512 — J. BERTHELÉ : Un conflit scolaire au XIVe siècle, broch. in-8, 8 p. ; Le Vigan, Bausinger, 1909.

»   Autre exemplaire.

»   Enquêtes Campanaires, 1 fort vol. in-8 br., accompagné de deux brochures ; Montpellier, Delorde, 1903.

1513 — Guillaume du BLANC : Discours des parricides, 1 vol. in-12 relié ; Lyon, Thibaud Ancelin, 1606.

1514 — Congrès scientifique de France, 14e session tenue à Marseille, 1 vol. in-8 br. ; Paris, Derache, 1847.

1515 — Gustave BAYLE : Etude historique et musicale, broch. in-8 ; Avignon, Aubanel, 1884.

»   Bulletin de l'Association fraternelle des Anciens Elèves du Petit-Séminaire d'Avignon, broch.

»   Eug. de BRICQUEVILLE : Sept brochures d'études musicales.

»   BERTOLOTTI : Marc-Antoine Muret, lettres inédites, broch. in-8 ; Limoges, Ducourtieux, 1888.

1516 — CHARPENNE : Voyage de Martin à Paris en 1789, broch. in-8 ; Avignon, Roumanille, 1890.

»   Régis de la COLOMBIERE : Sophistications et altérations, br. in-8 ; Marseille, Vve Camoin, 1854.

»   Bulletin de la Société de Botanique, brochure.

»   LAURENS D'OISELAY (Baron Hector du) : Correspondance d'un garde du corps, brochure in-8 ; St-Amand, Bussière, 1902.

»   L'abbé Albert DURAND : Etudes historiques sur St-Laurent-des-Arbres, 2 brochures in-8.

1517 — Prosper FALGAIROLLE : Montcalm. — H. de Bornier. — Jean de Varanda. — La Tour Carbonnière. — Péage de St-Gilles — Les Cartes à jouer à Montpellier : six broch. in-8.

»   Léopold de GAILLARD : Nicolas Bergasse, broch. in-8 ; Lyon, 1862.

»   Amédée GASTOUÉ : La Musique à Avignon, broch. in-8 ; Avignon, Seguin, 1900.

»   Armana Mount Pelierenc, 1901.

1518 — MATTER : Lettres et pièces rares, 1 vol. in-8 br. ; Paris, Amiot, 1846.

1519 — M. C. C. : Art de multiplier la soie, 1 vol. in-8 relié veau ; Aix, Vve David, 1760.

1520 — QUENIN : Statistique du canton d'Orgon, 1 vol. in-8 br. ; Arles, Garcin, 1838.

1521 — B. NIEL : Table de conversion des anciennes mesures, 1 vol. in-8 br. ; Avignon, Aubanel, 1842.

»   PELLAT : Observations sur le terrain miocène des environs d'Avignon, plaquette 8 p.

»   M. REY : L'Enseignement primaire dans les Etats Pontificaux, broch. in-8 ; Avignon.

»   Abbé RIGAUD : La Dépravation au village, broch. in-8 ; Aix, Makaire, 1869.

1522 — VEUCLIN : La Tenue des petites écoles dans le diocèse de
    Bayeux, broch. in-8.

»   Claude LAMESLE : Modèles des caractères de l'imprimerie
    nouvellement gravés ; Claude Lamesle, graveur et fondeur,
    Avignon, 1769.

1523 — *Anonyme :* Concordance des Calendriers, 1 vol. in-8 br. ;
    Avignon, Albert Joly, 1818.

»   Règlement sur les subsistances pour Villeneuve-lez-Avignon,
    broch. in-4 ; Villeneuve, Joly, 1789.

1524 — M... : Explication de l'Ordonnance du mois d'août 1735, 1 vol.
    in-4 relié ; Avignon, Girard, 1740.

»   Polybiblion, revue bibliographique, juillet 1870.

1525 — *Anonyme :* Jeux d'esprit et de mémoire, 1 vol. in-12 relié,
    Cologne, s. d.

1526 — De MONTANDRE-LONGCHAMPS : Etat militaire de la Fran-
    ce, 1 vol. in-12 relié veau ; Paris, Guillyn, 1762.

1527 — Etienne PARROCEL : Discours et fragments, 1 vol. in-8 br. ;
    Marseille, 1867.

1528 — *Anonyme :* Mémoire pour Mézard contre Fouque, broch. in-8 ;
    Apt, Trémollière, an VII (1798).

»   PIZZETTA : Histoire d'une feuille de papier, 1 vol. in-8 br. ;
    Paris, Brunet, 1868, gravures.

1529 — CHARONDAS LE CARON : Responses et décisions du Droit
    français, 1 vol. in-8 relié parchemin ; Paris, L'Huillier, 1603.

1530 — Scipion DUPLEIX : La Physique, 3 tomes reliés en un seul
    vol. in-8, couverture parchemin ; Rouen, Manassès de Breaulx,
    1626.

1531 — Curiosités bibliographiques, 1 vol. br. in-8 ; Paris, Paulin, 1845.

1532 — Curiosités biographiques, 1 vol. br. in-8 ; Paris, Paulin, 1846.

1533 — Curiosités philologiques, géographiques et ethnologiques, 1 vol.
    in-12 br. ; Paris, Poulin, 1855.

1534 — Curiosités militaires, 1 vol. in-16 br. ; Paris, Paulin, 1855.

1535 — Curiosités des inventions et découvertes, 1 vol. in-16 br. ;
    Paris, Paulin, 1855.

1536 — C.-B. WARRÉE : Curiosités judiciaires, 1 vol. in-16 br. ;
    Paris, Delahaye, 1858.

1537 — Mémoires de l'Académie de Vaucluse (collection complète),
    36 vol. in-8 de l'année 1882 (tome I) jusqu'à l'année 1917,
    volumes brochés ou en fascicules (quelques doubles).

1538 — M. TAMISIER : Le Bastidon des douze, broch. in-8, papier de
    Hollande, n° 65 ; Marseille, Laveirarié, 1878.

1539 — Dom MABILLON : De re diplomatica, 1 vol. in-fol. relié,
    nombreux fac-simile ; Naples, Vincentii Ursini, 1789.

1540 — Catalogus librorum Bibliothecæ Phil. de la Coste, 1 vol.
    in-12 relié ; Paris, Ch. Osmont, 1722.

1541 — Lorédan LARCHEY : Les Mystifications de Caillot Duval,
    1 vol. cart. in-8, tiré à 22 exempl., papier chamois, 3 eaux-
    fortes de Faustin Besson ; Paris, Pincebourde, 1864.

1542 — Annuaire de l'Institut des Provinces et des Congrès scientifiques, 1856, t. VIII ; Paris, Derache.

1543 — Georges d'HEILLY : Dictionnaire des Pseudonymes, 1 vol. in-8 br. ; Paris, Dentu, 1869.

1544 — M. BOUILLET : Dictionnaire universel des Sciences, des Lettres et des Arts, 1 fort vol. in-8 relié ; Paris, Hachette, 1877.

1545 — Festschrift zum fünifhunidertjährigeni geburstage voni Johanini Gutemberg, ouvrage paru à l'occasion du 5e centenaire de la naissance de Gutenberg, 1 fort vol. in-4 relié, papier de Hollande, Mayence, 1900.

1546 — De MONTLUISANT : Trois pages de la vie d'un Ingénieur, 1 vol. in-4 br., papier velin, nombreux plans ; Valence, Jules Céas, 1892.

1547 — Guillaume de BURE : Catalogue de la Bibliothèque du Duc de la Vallière, 4 vol. in-8 reliés veau, portrait du Duc gravé par Cochin ; Paris, Guill. de Bure, 1783.

1548 — Ph. RENOUARD : Imprimeurs parisiens, libraires, 1 vol. in-8 broché ; Paris, A. Claudin, 1898.

1549 — Henri BOUCHOT : Livres à vignettes, 2 vol. in-8 br., papier de Hollande, non rogné, illustrations de Geoffroy Tory et autres.....

1550 — *Anonyme* : Catalogue de la Biblioth. de l'abbé Rive, 1 vol. in-8 relié veau ; Marseille, Rochebrun et Mazet, 1793.

1551 — L'abbé Du FAY : Manière de fortifier selon la méthode de Vauban, 1 vol. in-12 relié veau ; Paris, Coignard, 1693.

1552 — *Anonyme* : Traité de la culture des jacinthes, 1 vol. in-12 relié ; Avignon, Chambeau, 1759.

1553 — Léon FOURNIER : Nouveau Dictionnaire portatif de Bibliographie, 1 vol. in-8 relié,; Paris, Fournier, 1809.

1554 — G. PEIGNOT : Choix de testaments anciens et modernes, 2 vol. in-8 reliés ; Paris, Renouard, 1829.

1555 — Marquis de MOGES : Souvenirs d'une ambassade en Chine et au Japon, un vol. in-8, reliure chagr. amateur, dent. int. tr. dorées ; Paris, Hachette, 1860.

1556 — *Un Professeur* : Physiologie du goût, suivie de La Gastronomie, poème de Berchoux, 1 vol. in-8 relié (mouillures) ; Paris, Charpentier, 1841.

1557 — Guil. de LUYNE : Le Siège de Grave en 1674, 1 vol. in-12 relié, avec un plan ; Paris, Rollin, 1753.

1558 — Abbé Roger SCHABOL : La pratique du Jardinage, t. I, 2 vol. in-12 reliés, figures en taille douce ; Paris, de Bure, 1776.

1559 — Dom Pierre de Ste MARIE MAGDELEINE : Traité d'Horologiographie, 1 vol. in-12 relié, front. et figures en taille douce ; Lyon, Plaignard, 1691.

1560 — *Anonyme* : Traité des instruments qui servent à observer en mer la hauteur des astres, 1 vol. petit in-4 relié ; Marseille, Ch. Brebion, 1686.

1561 — Marius CHAUMELIN : Revue bibliographique du Midi de la France, numéro spécimen et 1er numéro de l'année 1855.

1562 — *Un élève de l'abbé Rive* : La Chasse aux bibliographes et aux antiquaires malavisés, 1 vol. in-8 br. ; Londres, N. Aphobe, 1788.

1563 — Citoyen CHAUFFARD : Catalogue d'une Bibliothèque de livres de choix mis en vente par le citoyen Chauffard, libraire à Marseille, avec les prix d'adjudication, 1 vol. in-8 br. ; Marseille, Bertrand, an VII.

1564 — Catalogue de la Biblioth Viollet-le-Duc, 1 vol. in-8 br. ; Paris, J. Flot, 1847.

1565 — Jules RENOUVIER : Les Portraits d'auteurs dans les livres du XVe s, plaquette sur papier teinté tirée à 214 exempl., 30 pages.

1566 — Jehan de Paris, valet de chambre et peintre ordinaire des rois Charles VIII et Louis XII, plaquette sur papier teinté tirée à 214 exempl, 40 p. ; Paris, Aubry, 1861.

1567 — Edmond MAIGNIEN : L'Imprimerie et les Imprimeurs et les Libraires à Grenoble ; 1 vol. in-8 br. (décousu) ; Grenoble, Dupont, 1884.

1568 — G. PEIGNOT : Manuel du Bibliophile, 2 vol. in-8 br. ; Dijon, Lagier, 1823.

1569 — Dr Arnim GRAESEL : Manuel de Bibliothécomanie, 1 vol. in-8 br. ; Paris, Welther, 1897.

1570 — Mgr PUJOL : Descriptions bibliographiques des manuscrits et des principales éditions du livre *De Imitatione Christi*, 1 vol. in-8 br. ; Paris, V. Retaux, 1898.

1571 — Dom François BEDOS DE CELLES : La Gnomonique pratique, 1 vol. in-8 relié veau, figures ; Paris, Briasson, 1760 (2 exemplaires).

1572 — LEBLOND : Eléments de fortification, 1 vol. in-8 relié veau, figures et plans ; Paris, Jombert, 1775.

1573 — Gutenberg Fest zu Mainz im 1900, 1 vol. in-4 br. (texte allemand) ; Mayence, 1901.

1574 — Marquis de MONTCLAR : Mélanges bibliographiques, 1 vol. in-4 broché, papier de Hollande ; Marseille, V. Boy, 1880.

1575 — LABANDE : L'Imprimerie en France au XVe siècle, broch. in-4 ; Mayence, Von Zabern, 1900.

1576 — Léon de LABORDE : Débuts de l'Imprimerie à Strasbourg, broch. in-8 ; Paris, Techner, 1840.

1577 — Paul LACROIX : Histoire de l'Imprimerie, 1 vol. gr. in-8 br. ; Paris, Delahays, 1852.

1578 — BORY : Les Origines de l'Imprimerie à Marseille, 1 vol. in-8 relié, papier de Hollande, tiré à 100 ex., couverture conservée ; Marseille, V. Boy, 1858.

1579 — Catalogue de la Biblioth. technique (Cercle de la Librairie), 1 vol. in-8 br., Paris, 1904. (Exemplaire de M. le chanoine Requin.)

1580 — Emile PERRIER : Les Bibliophiles et collectionneurs provençaux (arrondissement de Marseille), 1 fort vol. in-8 br., papier velin, reproductions nombreuses d'ex-libris ; Marseille, Barthelet, 1897.

1581 — Emile BONNEL : Les Débuts de l'Imprimerie à Montpellier, 1 vol. in-8 br., papier spécial, tiré à 335 exempl., n° 295 ; Montpellier, Firmin et Montane, 1895.

1582 — Catalogue des Livres et Manuscrits de la Biblioth. de M. Rouard, avec les prix d'adjudication, 1 fort vol. in-8 br. ; Paris, Morgand et Ch. Fatout, 1879.

1583 — Catalogue général des Manuscrits des Biblioth. publiques de France, 12 vol. in-8 br. ; Paris, Plon, 1903.

1584 — DUPINEY DE VOREPIERRE : Dictionnaire illustré, encyclopédie universelle, 2 vol in-4 reliés, nombreuses figures, état de neuf ; Paris, Michel Lévy, 1873.

1585 — Edouard MECHIN : Table alphabétique des Annales du Collège Royal/Bourbon d'Aix, 1 vol. in-8 br. ; Marseille, 1892.

1586 — Natalis de WAILLY : Mémoire sur les variations de la livre tournois, 1 vol. in-4 br. ; Paris, Impr. Nat., 1857.

1587 — Simon MAJOLE, évêque de Volterra : Les Jours caniculaires, 1 vol. in-4 relié bas. verte, front. et table manuscrits, reliure fatig., mouillures ; Paris, Robert Fouet, 1610.

1588 — De SOLLEYSEL, escuyer : Le véritable parfait Maréchal ferrant, 1 vol. in-4 relié veau, 2 gravures de chevaux au commencement et fig. en taille douce dans le texte, reliure fatig.; Paris, Gervais Clouzier, 1671.

1589 — Paul de CADECOMBE : Nova Disquisitio legalis de fructibus in hypothecaria, 1 vol. in-fol. relié veau, beau portrait de l'auteur ; Avignon, Offray, 1702.

1590 — Pierre-André MATHIOLUS : Commentaires sur Dioscoride, 1 vol. in-fol. relié bas. verte, portrait de l'auteur, figures sur bois en couleurs, s. l. n. d., fin du XVIe siècle (reliure fatiguée, nombreuses piqûres).

1591 — Pierre-François de TONDUTI : Tractatus de Præventione judiciali, seu de Contentione jurisdictionum, 1 vol. in-4 carré, reliure bas. verte ; Avignon, Piot, 1651.

1592 — Le Marquis SPOLVERINI : La Culture du Riz, poème italien en 4 livres, dédié au Roi d'Espagne Philippe V, 1 vol. in-4 cart. orné de fines gravures, portrait d'Elisabeth Farnèse, reine d'Espagne, gravures et vignettes d'après François Lorenzi de Vérone par Dominique Cunego de Vérone, beau papier, grandes marges, belle impression ; Vérone, Augustin Carattoni, 1757 (quelques mouillures).

1593 — Mémoires de Mathématiques et de Physique rédigés à l'Observatoire de Marseille, 1 vol. in-4 br., figures, année 1756 ; Avignon, Vve Girard.

1594 — Carl SONNTAG jun. : Catalogue XXIe (Livres richement reliés des XVe, XVIe, XVIIe, XVIIIe et XIXe siècles), 1 vol. in-4 br. ; couverture papier, contenant 52 planches, dont 9 en couleur ; Leipsig, Boerner, s. d.

1595 — Catalogue des livres de la Bibliothèque Firmin-Didot, in-4 br., 1878-1883.

1596 — Catalogue de livres rares et curieux, 1913.
    Catalogue de la Bibliothèque Alexandre Lantelme.

1597 — Catalogue de la Bibliothèque du baron Jérôme Pichon, 3 vol. in-8 br..; Paris, Techener, 1897.

1598 — Catalogue de la Biblioth. du marquis de Villeneuve-Trans, 1 vol. in-8 br.

»   Catalogue de la Biblioth. Delessert, figures, 1912.

1599 — H. et D. DAUMET : Le château de St-Germain-en-Laye, 1 vol. in-4 br., papier vélin, gravures et plans ; Paris, Schmid, 1905.

1600 — Stephani BLANCARDI : Lexicon medicum renovatum, 1 vol. in-8 relié parchemin ; Lugduni Batavorum, Samuel Luchtmans, 1735.

1601 — *Anonyme :* Inventaire des autographes et documents historiques de la collection de M. Benj. Fillon, 1 vol. in-8 br. ; Paris, Charavay, 1877.

1602 — GIBERT : Réponse à un écrit anonyme, 1 vol. in-8 cart. ; Paris, Lebreton, 1771.

»   G. WARRÉE : Réplique de M. Hennequin, avocat, pour les Princes de Rohan contre le Duc d'Aumale, 1 vol. in-8 br.; Paris, G. Warrée, 1832.

»   Le Caducée, t. II, 1 vol. in-8 bt. ; Marseille, Olive, 1879.

»   Emm. MARTIN : Le 55e Régiment d'Infanterie, 1 vol. in-12 br. ; Avignon, Seguin, 1888.

1603 — Mme de V... : La Jardinière de Vincennes, 1 vol. in-12 relié ; Avignon, Chambeau, 1767.

1604 — MANNE : Observations de Chirurgie, brochure in-8, gravures de Louis David et de Michel ; Avignon, Al. Giroud, 1747.

»   MANNE (fils) : Réponse à l'ouvrage précédent, broch. in-8 ; Avignon, Giroud, 1747.

1605 — Nicolas CLENARD : Institutiones absolutissimæ in Græcam linguam, 1 vol. in-8 relié ; Lyon, Séb. Gryphe, 1548.

1606 — LOYSEAU : L'abus des justices de village, 1 vol. in-8 relié parch., ; Paris, Cl. Cramoisy, 1628.

1607 — Jacques SADOLET : De laudibus philosophiæ, 1 vol. in-8 relié ; Lyon, Sébast. Gryphe, 1543.

»   Jérôme CARDANI : De la Subtilité, 1 fort vol. in-12 de 1100 p., relié parchemin ; Bâle, Sébastien Henricpetri, 1511.

»   Le R. P. BONNET : Comptes faits des réductions des monnaies, 1 vol. in-8 relié veau, ex-libris du Dr Normandeau ; Avignon, Chastanier, 1716.

»   Le R. P. MANUEL : Comptes faits des intérêts, 1 vol. in-8 relié ; Avignon, Hirschner, 1751.

»   CHOMPRÉ : Dictionnaire de la Fable, 1 vol. p. in-12 relié aux armes d'Avignon sur les plats ; Paris, Saillant, 1766.

»   L'abbé NOLET : Leçons de physique, 2 vol. in-8 reliés, front. de Moreau, nombreuses planches hors texte par Brunet ; Paris, Guérin, 1745.

»   *Anonyme :* Manuel de l'Artificier, 1 vol. in-8 relié, planches ; Paris, Jombert, 1757.

» Pierre de LUNE : Le nouveau Cuisinier, 1 vol. in-8 relié parchemin, ; Paris, Pierre David, 1660.

» Manuel du Distillateur, 1 vol. in-12 relié, s. l. n. d. (1830 environ).

» Manuel de l'Artificier, 1 vol. in-8 relié veau, fig. ; Neufchâtel,
1755.

» De REAUMUR : Art de faire éclore et élever des oiseaux
en toute saison, 2 vol. in-8 reliés veau ; Paris, Imprimerie
Royale, 1749. ·

» Claude QUILLET : La Callipédie, 1 vol. in-8 relié veau ;
Paris, Dupuy, 1774.

» CHEVREAU : Chevræana, Mélanges, 1 vol. in-8 relié veau ;
Paris, Delaulne, 1700.

» COQUILLARD : Le Chirurgien opérateur, 1 vol. in-8 relié,
filets sur les plats ; Lyon, Pierre Ravaud, 1640.

1608 — Pierre GASSENDI : Vita Fabricii Peyresc, 1 vol. in-8, reliure
amateur ; Quedlimbourg, Gottlob Ernést, 1706.

1609 — De la SERRE : Le Brévière des Courtisans, 1 vol. in-8 relié
parch., fig. ; Lyon, Jean Jacquemeton, 1632 (q.q. mouillures).

1610 — Mme du NOYER : Lettres historiques et galantes, 6 vol. in-12
reliés, frontispice ; Londres, Jean Nourse, 1741.

1611 — Thalès BERNARD : Voyage dans la vieille France, 1 vol.
in-8 broché ; Paris, Dentu, 1859.

1612 — BELLEGARRIGUE : Les Femmes d'Amérique, 1 vol. p. in-8,
reliure amauteur ; Paris, Blanchard, 1853.

1613 — Anonyme : Réponse d'un Docteur en droit sur le Droit du
prêt et du retardement, 1 vol. in-12 relié ; Avignon, Chastanier, 1708.

1614 — Autre exemplaire du précédent ouvrage.

1615 — Anonyme : La Psychanthropie, t. III, 1 vol. p. in-8 relié ;
Avignon, Chambeau, 1748.

1616 — Code des successions, 1 vol. in-24 relié ; Avignon, Vincent
Raphel, an III.

1617 — Actes de notoriété, 1 vol. in-8 relié ; Avignon, Vve Girard, 1756.

1618 — Dictionnaire antiphilosophique, 2 vol. in-8 reliés ; Avignon, 1771.

1619 — Anonyme : Recueil de 20 gravures- allemandes dont dix collées dans un encadrement octogone, reliure chagr. r., s. l. n. d.

1620 — Henri de la MADELEINE : Le Comte de Raousset-Boulbon,
sa vie, ses aventures, 1 vol. in-8 relié ; Alençon, Poulet, 1856.

1621 — Alexandri ab Alexandro jurisperiti Neapolitani, 1 fort vol.
in-8 relié, filet et écusson dorés sur les plats ; Paris, 1579.

1621 — J.-B. THIERS : Histoire des Perruques, 1 vol. in-12 br., figures ; Avignon, Chambeau, 1779.

1622 — A. MAZON : Marguerite Chalis, brochure p. in-4, papier de
luxe ; Paris, Lemerre, 1873.

1623 — B. NIEL : Le géomètre praticien et le calculateur diligent,
1 vol. in-24 oblong broché ; Avignon, L. Aubanel, 1840.

1624 — Emile DESCHANEL : Le bien qu'on a dit des femmes, 1 vol.
in-16 relié chagr. vert ; Paris, Michel Lévy, 1855.

1625 — Le R. P. JEAN-FRANÇOIS, S. J. : Les arts de conduire les
eaux et de les mesurer, 1 vol. p. in-4 relié parch., figures ,
Rennes, Pierre Hallaudays, 1653.

1626 — OZANAM : Cours de Mathématiques, 5 vol. in-4 reliés veau,
ex-libris de l'abbé Rose, gravé et doré sur les plats et re-
produit au premier feuillet de garde, nombreuses figures ,
bon état ; Paris, Jombert, 1693.

1627 — M. de L. : Description historique de l'Italie, 1 vol. in-8 relié,
figures et carte, tome I ; La Haye, Pierre Gosse, 1776.

1628 — Lettres contenant le Journal d'un voyage à Rome en 1773,
t. I relié in-8 ; Paris, Hôtel et rue Serpente, 1783.

1629 — Nicolas LEFEVRE : Cours de chimie, 5 vol. in-8 reliés, nombreuses planches, état de neuf ; Paris, Jean-Noël Leloup, 1751.

1630 — Prosper FALGAIROLLE : Le Marquis d'Aubais, 1 vol. in-8 br.;
Clermont-l'Hérault, Saturnin Léotard, 1887.

1631 — G. de MORTILLET : Le Signe de la Croix avant le Christia-
nisme, 1 vol. br. in-8, nombreuses fig. ; Paris, Reinwald, 1866.

1632 — *Anonyme* : Traité de Mnémotechnie, 1 vol. in-8 relié, s. l. n. d.

1633 — Victor FOUQUE : Recherches historiques sur les corpora-
tions des archers, arbalétriers, etc., 1 vol. in-8 br. ; Paris,
Dumoulin, 1852.

1634 — Jules DELAROA : Les Patenôtres d'un surnuméraire, broch.
in-12 ; Lyon, Scheuring, 1874.

1635 — Paul GAUDIN : Hymne sur La Rochelle, plaquette in-12 ; La
Rochelle, Siret, 1875.

» L. BOULIEUX : La Magistrature en chemise, broch. in-8 ;
Lyon, 1871.

» *Anonyme* : Règlement de la Calotte du Régiment de la Fère,
broch.

1636 — Horace BAISSON : Vie et aventures de Pigault-Lebrun, 1 vol.
in-8 relié ; Paris, Gust. Barba, 1836.

1637 — Robert FULTON : Recherches sur les canaux de navigation,
1 vol. in-8 relié, nombreuses planches se dépliant ; Paris,
Dupain-Triel, an VII.

1638 — Les descendants de Paul RIQUET : Histoire du Canal du Languedoc, 1 vol. in-8 relié, front., portrait de Riquet ; Paris,
Crapelet, 1805.

1639 — Jaubert de PASSA : Recherches sur les arrosages chez les
peuples anciens, 3 vol. in-8 br. ; Paris, Bouchard-Huzard,
1846.

1640 — Bulletin historique et philologique, années 1895, nos 3 et 4 ;
1912, nos 3 et 4 ; 1913, nos 1 et 2 ; 1914 et 1915 complètes ;
Paris, Imprimerie Nationale.

1641 — *Anonyme* : Notice sur la création, les développements et la
décadence de l'industrie de la soie à Avignon ; broch. in-8 ;
Avignon, Seguin, 1874.

1642 — LOREDAN-LARCHEY : Dictionnaire des noms, 1 vol. in-8
br. ; Paris, chez l'auteur, 1880.

1643 — Ch. LOUANDRE : La Sorcellerie, 1 vol. p. in-8 br. ; Paris, Hachette, 1853.

1644 — Le citoyen PERTUIS : Instructions pour les Juges de Paix, 1 vol. in-8 br. ; Avignon, Bonnet, an VII.

1645 — Ant. GRYPHIUS : Inventaire des livres d'un abbé de Valbenoite, broch. in-8 ; Lyon, Aug. Brun, 1875.

1646 — *Anonyme* : L'Impunité ou Mingrat, broch. in-8, 2 lithogr. ; Paris, Bellemain, 1830.

1647 — Ch. de RIBBE : Une famille au XVIe siècle, 1 vol. in-8 br. ; Tours, Mame.

» Ant. THOMAS : Annales du Midi, numéro de juillet 1890, in-8.

1648 — DESMAZE : Curiosités des anciennes Justices, 1 vol. in-8 broché ; Paris, Plon, 1867.

1649 — Annuaire de l'Institut de France pour 1908.

1650 — Jacques JAQUE : Le Faut Mourir, 1 vol. in-12 relié ; Lyon, Ant. Molin, 1762.

1651 — Cte de PONTBRIAND : Le Capitaine Merle, 1 vol. in-8 br. ; Paris, Picard, 1886.

1652 — TOUSSENEL : Le monde des oiseaux, 3 vol. et l'Esprit des Bêtes, 1 vol. : en tout 4 vol. in-8 br. ; Paris, Librairie Phalanstérienne, 1853-1855.

1653 — PHILOMNESTE : Le Livre des singularités, 1 vol. in-8 br. ; Dijon, Lagier, 1841.

1654 — Paul BATAILLARD : Bohémiens ou Tsiganes, cinq brochures in-8, 1844, 1849, 1872, 1875 et 1876 ; Paris, Didot.

» Baron de COSTON : Lettres de Louis Bonaparte à Mésangère (de Valence), broch. in-8 ; Lyon, Brun.

1655 — Hippolyte FABRE : Notice historique sur Alfred de Terrebasse, 1 vol. in-8 br. ; Vienne, Savigné.

1656 — Baron de COSTON : Origine des noms propres et des armoiries, 1 vol. in-8 br. ; Paris, Aubry, 1867.

1657 — Ch. DESMAZE : Supplices, Prisons et Grâces en France, 1 vol. in-8 br. ; Paris, Henri Plon, 1866.

1658 — Leroux de LINCY : Catalogue de la Biblioth. Yéméniz, 1 vol. in-8 br. ; Paris, Bachelin Deflorenne, 1867.

» Revue des Deux Mondes, livraison du 1er juin 1912.

1659 — Antonii Fabricii Bleyniani jureconsulti Neronensis in theorium et praxim beneficiorum, 1 vol. in-4, relié bas. verte ; Turin, Claude Michel, 1616.

1660 — Jacques de la BAUME, S. J. : Panegyrici veteres ad usum Serenissimi Delphini, 1 vol. in-4 relié veau, frontispice, armoiries sur les plats ; Paris, Simon Bernard, 1676.

1661 — Raph. FABRETTI : De aquis et aquæductibus veteris Romæ, 1 vol. in-4 relié parch., nombreuses fig. ; Rome, Bapt. Bussotti, 1679.

1662 — Mémoiras de l'Académie de Nîmes, t. XXII, année 1899, in-8 br.

1663 — L'abbé PROMPSAULT : Les Quinze-Vingts, 1 vol. in-8 br. ; Paris, Victor Sarlit, 1863.

1664 — De BOURNISSAC : Mémoires sur les sirops et les moscouades de raisin, 1 vol. in-8 br. ; Paris, Colas, 1810.

1665 — Pierre TOCHON : L'Art de faire le Vin, in-8 br. ; Montpellier, Camille Coulet, 1888.

1666 — L'abbé CHAIX : Pratique de la Gnomonique, broch. in-8 ; Avignon, Offray, 1859.

» BOURDET : L'Art de soigner la bouche, les dents et les pieds, 1 vol. in-12 br. ; Paris, Desoer, 1787.

1667 — Anonyme : Histoire du Bonhomme Misère, 1 vol. in-12 br. non coupé ; Troyes, Jean Houdot, s. d. (1805 environ).

» Le R. P. René de CERISIER, S. J. : Geneviève de Brabant, 1 vol. in-12 br. ; Avignon, Garrigan, 1756.

1668 — Anonyme : La Muse Méridionale, choix de chansons, 1 vol. in-12 relié ; Avignon, Chaillot, 1835.

1669 — Fernand LAGARRIGUE : Les Méridionaux, 1 vol. in-12 br. ; Paris, Sartorius, 1860.

1670 — M. L'ESCALIER : Le Bramine inspiré, 1 vol. in-12 br. ; Orange, Bouchony, an X.

1671 — La Cryptographie, 1 vol. in-12 br. ; Paris, Adolphe Delahays, 1858.

» Almanach de Gotha, 1857.

» Le R. P. BONNET : Comptes faits pour la réduction des monnaies, 1 vol. in-8 relié ; Avignon, Chastanier, 1716.

1672 — Nouveau livre d'écriture (Album de calligraphie), 12 modèles in-fol. par Tiot, beau frontispice gravé par Duflos ; Lyon, s. d. (1760 environ).

» Mémoire pour M. Prignot contre Et. Pichat, pièce 32, p. in-4 ; Paris, Moreux, s. d.

1673 — Anonyme : Questio medica, dantur ne morbi, 12 p. in-4 ; Avignon, Chambeau, 1782.

» Mémoire pour Thomas Clément, au sujet de la vente du tabac, 24 p. in-4 ; Paris, Delaguette, 1752.

1674 — Mémoire pour les hoirs de François Durris contre Henri Desisnard, 64 p., in-4 ; Nîmes, Gaude, 1816.

1675 — VAUCANSON : Le mécanisme du flûteur automate, 24 p. in-4, frontispice de Gravelot ; Paris, Jacques Guérin, 1738.

1676 — Dissertatio academica an curande phtisie, 12 p. in-4 reliées ; Avignon, Sébastien Offray, 1696.

» La Fauvette, revue, numéro de décembre 1842.

1677 — Louis-Damien EMERIC : De la Politesse, 1 vol. in-8 br. ; Paris, Delaunay, 1819.

» QUESNAY DE BEAUREPAIRE : Le Panama et la République, 1 vol. in-8 br. ; Paris, Juven, 1899.

1678 — Edouard AUDE : La fondation perpétuelle dans l'antiquité, thèse de doctorat, 1 vol. in-8 br. ; Paris, Arthur Rousseau, 1895.

> Albert LONDE : La Photographie moderne, 1 vol. in-8 br., nombreuses figures ; Paris, Masson, 1888.

1679 — *Anonyme* : Procès des prévenus de l'évasion de M. de Lavalette, 1 vol. in-8 cart., s. l. n. d.

1680 — Mémoires de l'Académie du Gard, novembre 1863 à août 1864 ; 1 vol. in-8 br., Nimes.

1681 — René BEDEL : Dictionnaire français-hébreu, sans points voyelles, petit in-12 ; Paris, 1861.

1682 — TEYSSEDRE : Nouveau Manuel de Gnomonique, petit in-12 br. ; Paris, 1837.

> CHOMPRE : Dictionnaire de la Fable, 1 vol. in-12 relié ; Avignon, Chaillot, 1827.

> P. Victor VIEILLE : Les Pèlerins de St-Régis ; brochure in-12.

1683 — Mémoires de mathématiques et de physique rédigés à l'Observatoire de Marseille, 1re et 2e parties en 1 vol. in-4, nombreuses planches se dépliant ; Avignon, Girard, 1755.

1684 — Jules QUICHERAT : Vie de Rodrigue de Villandrando, broch. in-8 ; Paris, Didot, 1845.

> H. de TERREBASSE : Julien Baudrier, plaquette p. in-4, papier vergé, portrait ; Lyon, Brun, 1917.

> Collection Ploquin, faïences, catalogue illustré in-8 broché ; Paris, 1896.

1685 — Les maîtres de la Caricature française au XIXe siècle ; édition du *Figaro*, in-4 br.

1686 — Lorédan LARCHEY : Origines de l'Artillerie française, 1 vol. in-8 br. ; Paris, Dentu, 1862.

1687 — PUAUX : L'Anatomie du Papisme, 1 vol. in-8 br. ; chez tous les libraires protestants, 1860.

1688 — Alfred de CASTON : Les Marchands de Miracles, 1 vol. in-8 br. ; Paris, Dentu, 1864.

1689 — Ate SEGUIN : Le Curé de village, 1 vol. in-8 br. ; Avignon, Offray, 1828.

1690 — DUSSET : La Fortune d'un Prince, 1 vol. in-8 br. ; Paris, Guillaumin, 1847.

1691 — Ed. DRUMONT : La Fin d'un monde, 1 vol. in-8 br. ; Paris, Dentu, 1890 (deux exemplaires).

1692 — La Dernière Bataille, 1 vol. in-8 br. ; Paris, Dentu, 1890.

1693 — Henri ROCHEFORT : Les dix premiers numéros de la Lanterne, du 31 mai au 1er août 1868, et un numéro du Diable à quatre (4 décembre 1869, no 60).

1694 — Recueil manuscrit de chansons, écriture du XVIIIe siècle, bien lisible, in-4, s. d., cartonné.

> La Vie et l'Œuvre de Mme Julie Lavergne, broch. in-8 ; Paris, Dumoulin, 1899.

1695 — VALERE Maxime : Factorum ac dictorum memorabilium libri novem, 1 vol. in-4 relié cart. (lat.), imprimé sur 2 col. ; Lyon, 1510.

Romans

1696 — Trente volumes dont 4 reliés in-8 : Alph. Karr, Emile Augier, Pierre Véron, Girardin, etc.

Livres de piété

1697 — 44 volumes anciens, reliés, presque tous imprimés à Avignon, et 8 brochures.

Cantiques

1698 — 45 volumes anciens reliés, imprimés à Avignon, Carpentras, Orange, Apt, etc, et 12 brochures.

Catéchismes

1699 — 17 vol. de différents formats reliés, anciens, relatifs aux diocèses d'Avignon, de Cavaillon, d'Arles, de Gap, St-Paul-Trois-Châteaux, Nimes, Marseille, etc.

Livres classiques anciens
imprimés à Avignon

1700 — 39 volumes reliés ou brochés de divers formats.

Collections de Publications périodiques

Mémoires de la Société des Antiquaires de Picardie

1701 — Elle commence par le Bulletin du 4e trimestre de l'année 1900 ; elle comprend les années 1901 à 1916 complètes, sauf l'année 1915 qui n'a que les 3e et 4e trimestres ; l'année 1917 n'a que le 1er trimestre ; soit 15 années complètes et 4 bulletins trimestriels dépareillés.

Mémoires de la Société des Antiquaires de France

1702 — Elle commence à 1901 et comprend en tout 39 Bulletins trimestriels, 13 volumes de Mémoires et 9 Mettensia.

Annuaire de Vaucluse

1703. — An IX (1801), reliure veau, pl. fil., écusson sur les plats, carte du Département ; Carpentras, Proyet.

An IX, in-8 broché.

An XII, in-8 broché ; Carpentras, Proyet.

1835, petit in-8, imprimé à Apt.

1836, 1838, 1839, 1840, quatre vol. in-8 br.

Années 1841 et 1842 réunies en 1 vol. in-8 br.

1847, 1848, 1850, 1851, 1854 et 1855, in-8, cartonnés ; — 1856 incomplet ; — 1857, broché ; — 1858 incomplet, broché ; — 1859, br., incomplet ; — 1860, relié, incomplet ; — 1862, 1865, reliés ; — 1861, 1863, 1864, 1865, 1866, 1867, 1868, 1869 et 1870: neuf vol. br., incomplets ; — 1877, 1878, 1879, 1880, 81, 82, 83, 84, 85, 86, 87, 88 : douze vol., incomplets ; — 1890, 91, 92 jusqu'à 1900 : douze vol., incomplets ; — 1903, 1904 et 1908, trois vol. brochés ; en tout 20 vol. complets.

1704 — Revue historique de Provence :

1re année 1901, 12 livraisons.
2e   —   1902, 7   —
plus 10 livraisons de la 1re année et 7 de la 2e, en tout 36 livraisons.

1705 — Annales de la Société d'Etudes provençales : les 3 premières années 1904, 1905 et 1906 complètes, plus une deuxième collection des 3 premières années, plus onze livraisons dépareillées.

1706 — Bulletin Archéologique de Vaucluse :

1re année, 1879, complète, 12 livraisons (en double) ;
2e   —   1880   —   12   —   —
3e   —   1881   —   12   —   —
4e   —   1882   —   12   —
plus 7 livraisons de la 4e année ; 4 de la 5e, 7 de la 1re, 3 livraisons dépareillées, en tout 6 années complètes et 21 livraisons dépareillées.

Catalogues de Ventes publiques

1707 — 50 Catalogues de ventes de Bibliothèques ou de collections.

1708 — 50 Catalogues de librairies françaises ou étrangères, ou de ventes publiques.

1709 — 50 Catalogues de livres précieux, ex-libris, incunables vendus en France ou à l'étranger.

Morceaux de Musique

1710 — 32 mélodies, romances, bluettes, etc.

»   2 vol. de morceaux de musique religieuse et environ 30 morceaux de chants copiés à la main.

1711 — Bibliothèque tournante Terquem.

www.ingramcontent.com/pod-product-compliance
Ingram Content Group UK Ltd.
Pitfield, Milton Keynes, MK11 3LW, UK
UKHW021742090726
13657UKWH00002B/869